DEPRESION **condenada**

Puedo superarlo y lograr

la mejor version

de mi mismo

MARIO F SALAZAR

PROLOGO

Muchos años pasaron para que el autor de este libro pudiera encontrar una respuesta satisfactoria a su busqueda.

Su aflicción por los estragos de la depresión, lo llevaron a buscar ayuda de muy diferentes maneras hasta que, como ultimo recurso penso que quizás Dios podria ayudarlo.

Asistió a muchas iglesias donde el pensaba que Dios podría mirarlo y sanarlo... pasaron mas de 10 años para que se diera cuenta que lo que el esperaba no iba a suceder de la manera en que le habian platicado quienes con mucho entusiasmo lo motivavan a seguir pidiéndole a Dios y a seguir esperando que el milagro sucediera.

Y el milagro sucedió... no en la forma en que le habian dicho pero el descubrió a Un Nuevo Dios y escribió un libro con ese mismo titulo para compartir los tropiezos que encontró en su camino para ver la luz.

En ese libro explicó que había aprendido que Dios no era el genio de la lámpara maravillosa a quien se le pueden pedir 3 deseos y seran cumplidos... ese Dios tampoco esta esperando a que alguien le pida un milagro para evaluar si se se lo merece o no.

Y ahora en este nuevo libro explica como ese Nuevo Dios lo "inspiró" para entender que es la "depresión", porque sucede y que se puede hacer para superar los estragos que causa a quienes logra someter.

Por eso, además de que te invita a conocer el verdadero significado de Dios y a que practiques una religion... Desarrolló un seminario y un taller de auto-sanacion cuyo objetivo es ayudar a aquellos que estan sufriendo debido esta tan popular "enfermedad mental" llamada depresión.

DEDICATORIA

*En esta ocasión, quiero con mucho afecto dedicar este libro a esas millones de personas que actualmente sufren de alguna de estas tan mal llamadas "enfermedades mentales" o "desordenes de la personalidad", que mejor deberían conocerse como **"tribulaciones personales"** provocadas principalmente por el desequilibrio y la desigualdad social.*

A esas personas que están viviendo con la esperanza de que alguien les ayudará a disfrutar de la armonia de la vida, pero que no han comprendido que la desinformacion es su principal enemigo.

A mis queridos hijos *Bianca Sofia y Luis Mario quienes han sido testigos del esfuerzo que he realizado para tratar de ser un buen padre a pesar de los impedimentos que genera la famosa "enfermedad mental" llamada depresión.*

A ustedes quienes me han visto llorar por la impotencia de no saber como vencer a ese enemigo y que sin embargo nunca deje de luchar y que gracias a ello ahora finalmente he llegado a la convicción de que la solución esta en mi si desde el fondo de mi corazón y no solo en apariencia logro renovar mi mente.

Gracias hijos por estar cerca de mi, por tenerme confianza y por demostrarme su cariño... Saben que los amo.

Mientras tenga vida no me detendré hasta que la investigacion que he realizado genere buenos frutos que habré de compartir con todos aquellos que sufren lo mismo.

Finalmente, a mis amigos, familiares y todas las personas que me escucharon y me dieron su opinion aportando su "granito de arena" para que yo pudiera lograr este objetivo.

A todos... Mil gracias

CONTENIDO

DEPRESIÓN **condenada**

TEMA 1

Leyenda del "Ave Fénix"

Tras haber acabado de escribir este proyecto, y luego de pensar que quizás no había encontrado las palabras adecuadas para describir lo que había pasado en mi vida, y porque había llegado hasta aquí, tuve la suerte de encontrarme con la leyenda del ave fénix y pude ver que hablaba justamente de la batalla en la que yo había estado inmerso desde hace muchos años luchando a ciegas tratando de ganar.

Es más, al terminar este proyecto yo había decidido que este sería mi último trabajo, mi último esfuerzo para vencer al enemigo que siempre me vino sometiendo… "la depresión" (¿una enfermedad mental?).

Había decidido que si nada cambiaba después de este último intento, entonces yo ya no haría algo mas por defenderme… estaba dispuesto a abandonarme a mi suerte, estaba dispuesto a permitir ser avasallado por el destino… estaba dispuesto a poner mis rodillas en el suelo y bajar la cabeza para que el verdugo blandiera su espada por lo alto y cumpliera su misión… estaba dispuesto a morir aun sin entender por qué.

Pero al saber que según la leyenda el ave fénix había sido una victima destruida por el fuego de la justicia, y que después renació de entre sus cenizas demostrando con esto que por la voluntad de Dios, se pueden vencer las adversidades, entonces me sentí animado pensando que yo también podría vencer a mis enemigos y continuar en mi empeño de ayudar a otros a que también puedan hacerlo.

La leyenda Fuente:(https://biografía.org/ave-fenix/)
El Ave Fénix expresa la resurrección, así como la inmortalidad y la pelea por la superación.El Ave Fénix es un guerrero, ícono de inspiración.

Las primeras referencias al mito del Ave Fénix se encuentran en el Antiguo Egipto. Con posterioridad, su relato apareció en la Antigua Grecia en la obras de Hesíodo y Herodoto.

Desde el paso del tiempo, la historia se fue adaptando a diferentes tradiciones culturales y religiosas.

En la actualidad la leyenda del Ave Fénix es una fuente de inspiración para afrontar nuevos retos tras una amarga derrota.

Es un símbolo universal que puede relacionarse con la inmortalidad, la resurrección o la capacidad para sobreponernos a la adversidad.

Según la versión cristiana de esta leyenda el Ave Fénix había nacido en el Edén, debajo del Árbol del bien y del mal y junto a un arbusto de rosas. Destacaba por su bello plumaje y su hermoso canto.

Al margen de su belleza, tenía nobles principios y por este motivo fue el único ser que no quiso probar las frutas prohibidas del árbol sagrado.

Así, cuando Adán y Eva fueron expulsados del Edén cayó sobre el nido del Fénix una chispa de la espada de fuego de un querubín y de esta manera el ave ardió inmediatamente y acabó destruida.Sin embargo, de sus propias cenizas volvió a renacer con el mismo plumaje y su inigualable canto.

La inmortalidad fue el obsequio que recibió por su fidelidad al mandato divino.

Así mismo, fue recompensada con tres grandes cualidades: el verdadero conocimiento, la capacidad curativa de sus lágrimas y una increíble fortaleza.

En la mitología del Antiguo Egipto el Fénix es un ave conocida como "Bennu", un pájaro que simboliza las crecidas del río Nilo.

Los griegos de la antigüedad denominaron al Fénix como "Phoenicoperos", que literalmente significa alas rojas.

En la tradición cristiana el relato del Ave Fénix simboliza la resurrección de Cristo y, paralelamente, el fuego destructor representa la idea de purificación.

En la cultura mexicana la imagen del Fénix aparece con frecuencia asociada con el Dios Quetzalcóatl.

La ciudad de Phoenix es la capital del estado de Arizona y su nombre y su bandera se inspiran precisamente en el relato mitológico.

En la psicología actual, la leyenda del ave que renacía de sus propias cenizas es utilizada para recordar la importancia de la resiliencia, es decir, la capacidad para superar la adversidad y afrontar cualquier tipo de reto personal.

Todas las personas experimentan el fracaso y la decepción en algún momento de sus vidas.

Ante esta situación caben dos estrategias posibles: caer en el derrotismo y las lamentaciones o, por el contrario, iniciar un nuevo rumbo con más fuerza y determinación.

El mito del Ave Fénix nos recuerda que ninguna derrota es definitiva y que en nuestro interior tenemos la fuerza para reinventarnos y para iniciar nuevos proyectos.

Aunque la referencia al ave fénix (también conocida como el pájaro de fuego) no aparece por su nombre en la traducción bíblica del KJV, sí aparece en una traducción judía del Antiguo Testamento.

También aparece en la Septuaginta (una versión griega del Antiguo Testamento fechada en el siglo III a.C.), Vulgate (versión latina de la Escritura compilada por Jerónimo en el siglo IV), y algunos comentarios bíblicos para Job 29:18.

La palabra hebrea khole (Strong's Concordance #H2344), traducida como 'arena' en el KJV, se interpreta como referencia al ave fénix en la Biblia de la Sociedad de Publicaciones Judías y otras fuentes.

Entonces dije: 'Moriré con mi nido, y multiplicaré mis días como fénix;' (Job 29:18, Jewish Publication Society Bible of 1917)

Entonces pensé: Con mi nido voy a expirar, y como el fénix, tener una larga vida (Keil y Delitzsch Comentario). comentario de Keil y Delitzsch justifica su traducción del fénix (pájaro) en Job 29:18 de la siguiente manera: "Que esta ave no es otra que el fénix, es puesto más allá de toda duda por los Midrashim (recogidos en el Jalkut on Job, 5:17)…

Por el contrario, debemos acoger inmediatamente con beneplácito una referencia al mito árabe – egipcio del Fénix, que se puede probar en un libro que también mezcla a fondo las cosas egipcias con árabes… (Comentario de Keil y Delitzsch, de comentarios en Job 29: 18 –

TEMA 2

Introducción

Todos sabemos que las enfermedades "físicas", aunque sea por un breve periodo de tiempo nos pueden impedir realizar nuestras actividades cotidianas y que una vez restablecidos, generalmente todo vuelve a ser como antes.

Sin embargo, las enfermedades "mentales" no han podido ser controladas por la ciencia y no se sabe con certeza si el paciente podrá restablecerse, ni en cuánto tiempo o si nunca podrá volver a ser "normal".

Por lo tanto, este trabajo al igual que la intención de mi libro "Un Nuevo Dios", tiene el propósito de ayudar a las personas que padecen de alguna de las "enfermedades mentales" más famosas de los últimos 100 años como estrés, ansiedad, depresión, etcétera, a conocer el origen de su "mal" y a descubrir y convencerse por sí mismos de que si puede haber alguna manera de sanar.

En mi libro "Un Nuevo Dios" parece que la intención es hablar de Dios desde el punto de vista religioso, sin embargo al leerlo con cuidado, se puede notar que su propósito es explicar como la fe en Dios bien entendida, nos puede dar el poder para sanar nuestro cuerpo y nuestra mente.

El verdadero mensaje de ese libro es compartir los resultados que encontré al buscar la forma de sanar mi cuerpo y mi mente y como después de intentarlo de muchas formas y no conseguirlo… como última opción pensé que Dios podría ayudarme.

Y lo más relevante es decir que eso no sucedió, no obtuve la ayuda que yo esperaba encontrar en Dios… pero debo ACLARAR con mayúsculas que no es que Dios no haya querido o podido ayudarme, sino que YO NO CONOCIA QUE O QUIEN ERA DIOS NI COMO BUSCARLO.

Lo único que sabía de Dios era lo que había conocido a través de las películas donde Jesús acababa en la crucifixión… películas en donde proyectaban a un Jesús regañando a muchos y haciendo milagros a quienes se atravesaran en su camino y estuvieran sufriendo o a los que se acercaban a él para pedírselo.

A ese Dios es al que yo quería encontrar, a ese Dios cuya imagen aparecía en todas las iglesias católicas y quien yo creía que a mí también me haría el milagro de sanarme en cuanto se lo pidiera.

En ese intento, descubrí que **ese Dios** al que llegamos a confundir con el genio de la lámpara maravillosa que podría concedernos hasta 3 deseos… **no existe**.

Descubrí entonces que en las iglesias es donde aprendemos a creer que ese Dios si existe y que allí en la iglesia es donde podemos encontrarlo y que si le pedimos con fe el nos sanará y así lo hice, le pedí con fe, pero después de que pasaron muchos años y yo no dejaba de sufrir, me comencé a preguntar

¿Por qué Dios se tarda tanto en ayudarme?

¿Qué acaso no soy digno de él? O

¿Tal vez hay algo que no estoy haciendo bien?

En todos los intentos que realicé sin tener la respuesta que esperaba, siempre recibí palabras de "aliento" diciéndome que tuviera paciencia, que Dios sabía lo que hacía y que continuara orando.

Aunque así lo hice, nada pasó, me desesperé porque sentía que nadie sabía explicarme que estaba pasando y yo ya no le tenía confianza a nadie, así es que continué investigando por mi cuenta a la par que seguia asistiendo a clases, seminarios y talleres ofrecidos por las iglesias donde prometen que quienes esten sufriendo encontraran alivio y la respuesta que están buscando.

Llegué a pensar que tal vez estaba en la iglesia equivocada pues ahora estaba acudiendo a **iglesias cristianas** cuando yo había crecido en el seno de la **iglesia católica**… llegué a pensar que tal vez esa sería la razón y entonces también intenté regresar al catolicismo y para ello tome un curso de catecismo por aproximadamente 9 meses, hasta que me di cuenta que allí tampoco estaba recibiendo la ayuda que buscaba… y así comencé a visitar no solo otras iglesias cristianas sino de otro tipo con tal de encontrarlo donde fuera.

Hasta que llegó un momento donde comencé a sospechar que algo estaba mal en lo que las iglesias me enseñaban o que quizás era yo el que estaba haciendo algo mal… y a partir de ese momento comencé a escribir todo lo que había intentado, incluyendo todos los cursos y clases en las que había participado con ese solo objetivo de ser sanado.

En prácticamente todas las iglesias grandes se dan cursos que en mayor o menor medida ofrecen que conocerás a Dios íntimamente y que aprenderás a pedirle que te sane… y que él lo hará.

No me quejo de la buena intención de las iglesias, pero aunque se que ponen todo su empeño, no es una de sus actividades primordiales, por lo que no dedican el tiempo suficiente para lograr su objertivo y generalmente el curso o la clase solo acaban por ser una platica informativa que a veces motiva.

Luego entonces, el presente trabajo pretende ampliar y explicar de manera más detallada la forma en que puede funcionar la fe en Dios para que podamos ayudarnos a nosotros mismos en la recuperación de nuestra salud.

El resultado del presente trabajo te llevara a conocer cómo puedes lograr la mejor versión de ti mismo y como sentirte en armonía en el mundo en que vives.

TEMA 3

Antecedentes

Hasta estos momentos de mi vida (mediados de 2019) y después de haber participado, estudiado y comparado varias técnicas, métodos y tratamientos que ofrece el mercado de salud mental o espiritual, he llegado a comprender que mi cuerpo y mi mente no han estado enfermos sino que solo han reflejado las consecuencias de las circunstancias desfavorables que han formado parte de mi vida. Así que, a partir de ahora ya no seré un "enfermo mental", sino sólo una "persona con tribulaciones"

Y si, en esencia lo que acabo de decir es como esas circunstancias nos vuelven "anormales" y esa anormalidad es la que los médicos, psicólogos y psiquiatras han llamado "enfermedad mental"

En mi caso, la depresión me limita para ser la persona que yo creo que podría ser si fuera "normal"… La depresión para mí es como "una jaula oscura húmeda y resbaladiza que me aprieta y dificulta mi respiración, me llena de temor y angustia y me inmoviliza, al mismo tiempo que causa gran aversión en los demás"

Repasando con atención una serie de acontecimientos, pude ver que desde que nací existieron situaciones que me causaban sufrimiento emocional aunque en esos momentos yo no tuviera la capacidad de reconocerlo, no sabía ni siquiera decir si estaba triste, asustado, angustiado o ansioso.

Mientras fui creciendo, la angustia y el miedo vividos desde mi mas temprana infancia se fueron manifestando sin que yo pudiera evitarlo ni entenderlo, lo sé porque ahora a la distancia en el tiempo, me recuerdo como un niño inquieto y travieso pero al mismo tiempo introvertido y ansioso principalmente cuando no estaba acompañado ya fuera por amigos o familiares.

Ya siendo adulto me di cuenta que desde niño había comenzado a tener algunos de los síntomas característicos de la depresión, pero nadie lo notó o no supo qué hacer conmigo y por lo tanto nunca recibí ayuda y así crecí en medio de mucho dolor interior.

Cuando pude ocuparme de mi mismo, comencé a buscar ayuda en donde se suponía que tenía que hacerlo y donde seguramente todos lo haríamos de acuerdo con lo que aprendimos desde la infancia, es decir, todos sabemos que si estamos enfermos debemos visitar al médico.

Así lo hice y no encontré la solución, después visite al psicólogo y luego al psiquiatra y a "la bruja" y a otro tipo de curanderos y después de muchos años de buscar estaba igual o peor pues el sufrimiento que vivía seguía creciendo al no recibir el tratamiento adecuado.

Mucho de lo malo que fui viviendo en diferentes etapas de mi vida, se fue acumulando negativamente y conforme iba creciendo no encontraba algo de lo que pudiera sentirme orgulloso, más bien me consideraba a mi mismo como alguien a quien muchos rechazaban, me sentía temeroso de participar socialmente pues no sabía cómo comportarme y no era capaz de ser parte de algún grupo y llego el momento donde mi único alivio era el alcohol y en cualquier evento social solo me dedicaba a beber y lo hacía en exceso.

Para cuando termine mis estudios profesionales y quizás desde mucho antes, yo ya había perdido el sentido de lo que era correcto, ya había roto muchas reglas que la comunidad podía considerar sagradas y hasta mi propia familia comenzó a evitar mi presencia pues cuando abusaba del alcohol me daba por decir palabras ofensivas y provocaba la angustia de quienes me rodeaban.

Después de los efectos del alcohol me daba cuenta de mis desfiguros y venia la vergüenza y el arrepentimiento, y lo peor de todo es que muchas veces ni siquiera me acordaba de lo que había hecho o dicho y a veces ni donde había estado ni con quien.

Viviendo de esa manera nadie puede ser considerado "normal", sin embargo yo deseaba que quienes veían mi desventura pensaran lo que yo pensaba de mi mismo, es decir, que yo estaba sufriendo por muchas carencias y que era una víctima del maltrato y del abandono… pero por supuesto a nadie le importaba ni le interesaba saber más de mí, lo único que les preocupaba era que yo volviera a estar cerca de ellos.

Con todo ese bagaje y experiencias previas, me involucré en varias relaciones sentimentales, algunas intrascendentes y otras de mucha importancia y ahora sé que un hombre como el que era yo en esos tiempos, no era capaz de formar una relación de respeto y responsabilidad, por lo que prácticamente ninguna de las relaciones que tuve pudieron terminar en un final feliz.

No me sentía enfermo pero estaba viviendo las más dolorosas consecuencias de mi desventura ya sea provocada por mí mismo, heredada o aprendida sin darme cuenta.

Me había vuelto irritable y desconfiado, mi autoestima era casi nula, yo mismo sentía pena de mí, y quería que nadie se diera cuenta.

Nunca pude distinguir si alguien atentó intencionalmente contra mi persona, sentimientos y convicciones o si solo era predisposición de mi parte.

Algo que sobresalió en mi introspección, fue que en medio de tanta desdicha hubo una temporada donde todo se transformó en alegría, motivación, ganas de vivir y de triunfar…

Esos momentos sucedieron cuando por primera vez llegó a mi vida el amor, me enamoré de una chica con la que soñé que viviría feliz… y estoy seguro que así habría sido si los demonios que habitaban dentro de mi hubieran permanecido encadenados.

Luego entonces, y porque a pesar de todo sigo vivo, es fácil darse cuenta que aun en medio de las condiciones más difíciles, el ser humano por la gracia de Dios puede salir adelante, y hasta cambiar su sufrimiento por alegría si encuentra un motivador lo suficientemente fuerte e importante… y ese motivador puede ser la compañía de una persona a quien le puedas confiar los secretos de tu corazón y sin que te juzgue ni te sentencie, te brinde comprensión y te tienda la mano sin trampas ni mentiras.

O bien, el motivador podra ser aquel que cada persona necesite, por ejemplo el reconcimiento a su trabajo, la aceptacion social, y el principal que es la salud.

De manera que nos haría mucho bien aprender o desarrollar nuestra habilidad de socializar para convivir con la comunidad en donde seguramente alguien habrá que esté esperando por ti, para brindarte lo que necesitas, y para eso necesitamos conocernos, aprender a perdonar y a cerrar viejas heridas.

TEMA 4

Un mismo idioma

Una de las razones fundamentales para una mala comunicación y para mal interpretar las leyes es el mal uso del lenguaje, pues a pesar de que todos hablemos un mismo idioma, no todos entendemos igual el significado de muchas palabras aunque ya se encuentren definidas en los diccionarios.

Esto significa que muchas veces una persona puede utilizar palabras como si en verdad entendiera su significado y entonces da por hecho que lo que otros oímos o dijimos fue entendido igual por todo mundo.

Por eso y para ayudar al objetivo de este libro, y conforme a la definición dada por los diccionarios, revisaremos algunas palabras que todos deberíamos conocer y entender el mismo significado para asegurarnos de que estamos hablando el "mismo idioma"

Alma: En algunas religiones y culturas, sustancia espiritual e inmortal de los seres humanos, aquello que da espíritu, aliento y fuerza a algo.

Albedrío: Facultad, capacidad de actuar según la propia voluntad o elección, ejemplo: déjale a su libre albedrio y que descubra el límite entre el bien y el mal / Modo de actuar según el capricho o antojo / Con libertad, sin ninguna sujeción,

Ejemplo: su albedrio sabrá escoger la mejor solución, tratamiento simple.

El trastorno bipolar se caracteriza por dos fases: la fase maníaca y la fase depresiva. Las dos fases se distinguen por presentar diferentes síntomas. Aunque pueden coexistir los síntomas de las dos fases en lo que se conoce como un período mixto.

Catarsis: La catarsis **es** una experiencia purificadora de las emociones humanas. Como tal, la palabra proviene del griego (kátharsis), que significa 'purga', 'purificación'. Como sinónimos de catarsis se pueden emplear las palabras limpieza o liberación.

En el área de la Psicología, la catarsis es un método mediante el cual, durante el proceso de la terapia, se conduce a un paciente a desbloquear recuerdos o vivencias reprimidas en su inconsciente, generalmente asociadas a eventos traumáticos del pasado, con la finalidad de poder hablar sobre ello, concientizarlo, y experimentarlo emocionalmente.

Cielo: En la tradición cristiana, morada en que los ángeles, los santos y los bienaventurados gozan de la presencia de Dios.

Consciente: Que siente, piensa, quiere y obra con conocimiento de lo que hace. Con pleno uso de los sentidos y facultades.

Cristo: En la teología cristiana, el Hijo de Dios, hecho hombre, "El ungido" La palabra "ungido" es la traducción al Español de la palabra "Messhiah" en Ingles, y la definición de "MESSIAH" según el diccionario es: "El Rey que los Judíos esperaban que llegara".

Esta palabra se comenzó a utilizar en el año 1560 y literalmente significa "ungido"… en inglés "anointed". Ungido: Rey o sacerdote signado con el óleo santo; Ungir. Elegir a alguien para un puesto o para un cargo

Destino: Hado (fuerza desconocida que se cree obra sobre los hombres y los sucesos)

Diablo: En la tradición judeocristiana, cada uno de los ángeles rebelados contra Dios y arrojados por El al abismo; el príncipe de esos ángeles que representa el espíritu del mal.

Dios: Ser supremo… considerado hacedor del universo. De acuerdo con lo que escribieron los eruditos en el diccionario, así es como todo el mundo deberíamos aceptar la definición de Dios... "Ser supremo" "Hacedor del universo".

La palabra **"ser"** la definen como: Esencia o naturaleza.

Y a la expresión **Ser supremo** la definen como Dios.

Dogma: La palabra proviene del latín dogmatĭcus, y esta a su vez del griego "dogmatikós", y se deriva de "dogma", que significa 'pensamiento', 'principio', 'doctrina'.

En un sentido despectivo, se le llama dogmática a aquella persona o institución que es inflexible, intransigente, y cuyas ideas y opiniones son inobjetables: "Razona, no seas tan dogmático".

En materia de religión, la teología dogmática es aquella que estudia los principios teóricos sobre los cuales se sustenta la fe en Dios y sus obras, tal como es predicada e instruida por la Iglesia, de lo cual se desprenden, desde luego, consideraciones en un sentido moral en torno a la verdad y la significación de sus enseñanzas.

Enfermedad: Proviene del latín "infirmitas" que significa "Falta de firmeza", es el cambio más o menos grave de la salud de un ser vivo.

Esta alteración o afección de la salud de un individuo puede ser de tipo físico, mental o social, es decir, una persona puede estar enferma si ha sufrido alguna pérdida de su salud en el ámbito físico (del cuerpo), mental (en la psiquis o cerebro) y/o social (por la comunidad)

Esencia: Lo que constituye la naturaleza de las cosas, lo permanente e invariable de ellas. Lo más importante y característico de una cosa.

Esperanza: Estado del ánimo en el cual se nos presenta como posible lo que deseamos. En la doctrina cristiana, virtud teologal por la que se espera que Dios dé los bienes que ha prometido.

Espíritu: Ser inmaterial y dotado de razón. Principio generador, carácter íntimo, esencia o sustancia de algo… animo, valor, aliento, brío, esfuerzo.

Estrés: Tension provocada por situaciones agobiantes que originan reacciones psicosomaticas o trastornos psicológicos a veces graves.

Fantasía: Grado superior de la imaginación; la imaginación en cuanto inventa o produce.

Fe: Conjunto de creencias de alguien, de un grupo o de una multitud de personas. Confianza, buen concepto que se tiene de alguien o de algo…
Una de las formas más dolorosas de obtener la fe se da después de experimentar "la máxima expresión de la desolación"

Genética: Perteneciente o relativo a la génesis u origen de las cosas. Parte de la biología que trata de la herencia y de lo relacionado con ella.

Hábito: Modo especial de proceder o conducirse adquirido por repetición de actos iguales o semejantes, u originado por tendencias instintivas. Situación de dependencia respecto de ciertas drogas.

Idea: Es la representación mental de algo que puede estar relacionado con el mundo real o imaginario.

Esta palabra proviene del griego "eidos" que significa "yo vi".

Imaginación: Facultad del alma que representa las imágenes de las cosas reales o ideales. Aprensión falsa o juicio de algo que no hay en realidad o no tiene fundamento

Imaginar: Representar idealmente algo, inventarlo, crearlo en la imaginación. Creer o figurarse que se es algo. Presumir, sospechar.

Inefable: El término inefable es un adjetivo calificativo, que refiere a aquellas situaciones o cosas que por sus excelsas cualidades no pueden ser expresadas con palabras.

Lo inefable no puede ser descrito a través del lenguaje, ya sea por ser sublime, por sutil u original.

Infierno: Privación definitiva de Dios. Lugar donde los condenados sufren, después de la muerte, castigo eterno. Lugar en que hay mucho alboroto, discordia o violencia y destrucción.

Inspirar: Dicho de Dios: Iluminar el entendimiento de alguien y mover su voluntad. Infundir o hacer nacer en el ánimo o la mente afectos, ideas, designios, etc.

Intelecto: Entendimiento, potencia cognoscitiva racional del alma humana.

Introspección: Mirada interior que se dirige a los propios actos o estados de ánimo.

Intuición: Presentimiento, facultad de comprender las cosas instantáneamente, sin necesidad de razonamiento.

Lenguaje: Sonidos articulados con que el hombre manifiesta lo que piensa o siente. Conjunto de señales que dan a entender algo…

Locura: Es un estado irracional extremo según los parámetros de una determinada cultura o sociedad. Locura es sinónimo de necedad, insensatez y a veces de genialidad.

Hoy en día, la locura tiene una connotación tanto positiva como negativa a pesar de que su origen se remonta a la referencia de una persona mentalmente enferma o quien rechazaba el sentido común de la época.

En términos psicológicos, la locura no es un trastorno ni enfermedad mental como lo es la psicosis, la esquizofrenia, la paranoia y el trastorno bipolar.

Meditar: Aplicar con profunda atención el pensamiento a la consideración de algo, o discurrir sobre los medios de conocerlo o conseguirlo.

Mente: Potencia intelectual del alma. Conjunto de actividades y procesos psíquicos conscientes e inconscientes, especialmente de carácter cognitivo.

Mentira: Decir o manifestar lo contrario de lo que se sabe, cree o piensa. Fingir, aparentar / Falsificar.

Milagro: Suceso o cosa rara, extraordinaria y maravillosa. Hecho no explicable por las leyes naturales y que se atribuye a intervención sobrenatural de origen divino.

Muerte: Cesación o término de la vida, separación del cuerpo y el alma.

Parábola: Narración de un suceso fingido de que se deduce, por comparación o semejanza, una verdad importante o una enseñanza moral.

Pecado: Cosa que se aparta de lo recto y justo, o que falta a lo que es debido. Trasgresión consciente de un precepto religioso.

Pensar: Reflexionar, examinar con cuidado algo para formar dictamen. Imaginar, considerar.

Pensamiento: Pensamiento es la facultad, acción y efecto de pensar. Un pensamiento es también una idea o representación   mental sobre   algo   o alguien que se percibe a través de los sentidos.

Es también la capacidad de construir ideas y conceptos y de establecer relaciones entre ellas.

También se utiliza para referirse a un espacio imaginario de la mente donde se crean y almacenan las ideas.

Un pensamiento es también un propósito o intención de realizar algo.

Perdón: Remisión de la pena merecida, …Indulgencia (remisión de los pecados).

Personalidad. Diferencia individual que constituye a cada persona y la distingue de otra / Conjunto de caracteristicas o cualidades originales que destacan en algunas personas.

Conjunto de cualidades que constituyen a la persona o sujeto inteligente.

Religión: Conjunto de creencias o dogmas sobre la divinidad, sentimientos de veneración y temor hacia ella, de normas morales para la conducta individual y social y de prácticas rituales, principalmente la oración y el sacrificio para darle culto.

Terapia: Tratamiento de una enfermedad o de cualquier disfunción... tratamiento destinado a solucionar problemas psicológicos.

Tribulación: Congoja, pena, tormento o aflicción moral./ Persecución o adversidad que padece una persona.

Sagrado: Digno de veneración y respeto por su carácter divino o por estar relacionado con la divinidad. Inmodificable. Sus costumbres son sagradas, algo sobrehumano

Subconsciente: Algo que no llega a ser consciente. Se refiere a la subconsciencia o estado inferior de la conciencia psicológica en el que, por la poca intensidad o duración de las percepciones, no se da cuenta de estas el individuo.

Verbo: Sonido o sonidos, palabras que expresan una idea y que pueden variar de persona, numero, tiempo, modo y aspecto. Segunda persona de la Santísima Trinidad.

Verdad: Propiedad de una cosa de mantenerse siempre la misma sin mutación alguna. Expresión clara, sin rebozo ni lisonja, con que a alguien se le corrige o reprende. Realidad (existencia de algo)

Vida: Unión del alma y del cuerpo. Fuerza o actividad interna sustancial, mediante la que obra el ser que la posee.

Voluntad: Facultad de decidir y ordenar la propia conducta. Intención, ánimo o resolución de hacer algo. Libre albedrío o libre determinación. Elección de algo sin precepto o impulso externo que a ello obligue.

Esta palabra parece indicar que nosotros tenemos la facultad o el poder de no hacer más que lo que nosotros elijamos, deseemos y permitamos. Pero la realidad parece ser diferente... si no, revisa Rom 7: 15 "...Porque lo que hago, no lo entiendo; pues no hago lo que quiero, sino lo que aborrezco, eso hago."

DEPRESIÓN condenada

También revisaremos algunas
frases o expresiones como:

Hablar en sentido figurado:

Como tal, el sentido figurado se establece en función de la semejanza que guarda una palabra con una idea, concepto o sentimiento. Es decir, en el lenguaje figurado, una palabra expresa una idea valiéndose de otra con la que guarda determinada analogía, sea real o imaginaria

Las palabras, en este sentido, poseen un valor connotativo, esto quiere decir que su significado puede ampliarse o alterarse en función del contexto o la situación en que sean empleadas. Esto puede verse, **por ejemplo**, en la siguiente frase: "Antonio es una tumba, nunca va a cantar". En ella, hay dos términos usados en sentido figurado.

El primero, "tumba", alude a la capacidad o decisión de Antonio para callar de manera absoluta y definitiva. El segundo, "cantar", refiere la idea de confesar o delatar. Debido al contexto y la situación que nos sugiere la combinación de ambas palabras, podemos, entonces, determinar que se refieren a una situación en que alguien que sabe un secreto y está decidido a guardarlo hasta el final.

Ejemplos de frases con sentido figurado

- Rocío puso una "muralla" entre nosotros.
- Me "morí" del susto.
- Esa oficina es un "nido de víboras".
- Caí dormido "como piedra en pozo".
- No es burro, pero "rebuzna".
- Te he llamado "mil cien veces" a tu casa.

Enfermedad mental:

Las enfermedades mentales son condiciones graves que pueden afectar el pensamiento humano y las acciones de las personas. Por eso cuando se habla de una persona que no goza de salud mental, podría estarse en presencia de una persona que tiene una enfermedad o problema psiquiátrico.

Es así también que se asocia en la actualidad el término de salud o higiene mental a aquellas actividades destinadas a lograr ese equilibrio necesario en las personas en su día a día, como por ejemplo hacer ejercicios luego de una fuerte jornada de trabajo, ir a un retiro alejado de la ciudad para disfrutar del silencio y la naturaleza, así como las merecidas vacaciones después de un año de trabajo, o un masaje anti-estrés o de relajación, todas esas actividades buscan mejorar la salud o higiene mental del individuo para mantener ese equilibrio necesario en su vida cotidiana.

La salud mental está asociada al raciocinio de una persona, a sus emociones y como las controla y las externaliza, así como a su comportamiento frente a los hechos de la vida cotidiana como pagar las cuentas, perder el empleo, cambiar de residencia, etcétera.

La salud mental nos conduce a tener una imagen positiva de nosotros mismos, por lo cual al tener una buena imagen de sí mismo, puedo proyectar una buena imagen a los demás.

La Alianza Nacional contra las enfermedades mentales **"NAMI"** por sus siglas en ingles dice:
Una enfermedad mental es una afección que afecta el pensamiento, el sentimiento o el estado de ánimo de una persona. Tales condiciones pueden afectar la capacidad de alguien para relacionarse con los demás y funcionar cada día. Cada persona tendrá experiencias diferentes, incluso personas con el mismo diagnóstico.

La recuperación, incluyendo roles significativos en la vida social, la escuela y el trabajo, es posible, especialmente cuando comienzas el tratamiento temprano y juegas un papel importante en tu propio proceso de recuperación.

Una condición de salud mental no es el resultado de un evento. Las investigaciones sugieren múltiples causas de vinculación. La genética, el medio ambiente y el estilo de vida influyen en si alguien desarrolla una afección de salud mental.

Un trabajo estresante o la vida en el hogar hacen que algunas personas sean más susceptibles, al igual que los eventos traumáticos de la vida como ser víctima de un crimen. Los procesos y circuitos bioquímicos y la estructura cerebral básica también pueden desempeñar un papel.

Libre albedrio:

El libre albedrío es la potestad que el ser humano tiene de obrar según considere y elija. Esto significa que las personas tienen naturalmente libertad para tomar sus propias decisiones, sin estar sujetos a presiones, necesidades o limitaciones, o a una predeterminación divina.

El libre albedrío significa, en suma, que el ser humano tiene libertad tanto para hacer el bien como para hacer el mal. Y esto, desde luego, tiene sus implicaciones éticas y morales, pues el individuo que actúa según su libre albedrío es también responsable de sus acciones, tanto si cuentan como aciertos o como sus errores.

De allí que el libre albedrío se extienda a otros ámbitos de la vida del ser humano, como la religión, la filosofía o el derecho.

Herencia genética:

El estudio de la genética permite entender lo que sucede en el ciclo celular y cómo entre seres humanos se traspasan características biológicas (**genotipo**), características físicas (**fenotipo**) y hasta la propia **personalidad**, por ejemplo, "el gran parecido entre los padres y sus descendientes".
En referencia a lo indicado, el **ciclo celular** es el proceso mediante el cual crece la célula y se divide en dos células hijas.

La transferencia de las características de un ser se desarrolla mediante genes, compuestos por **ADN** (Ácido Dexorribonucleico) que es una molécula que codifica los datos genéticos en las células, guarda y transmite de generación en generación toda la información necesaria para el progreso de todas las funciones biológicas de un organismo.

Enfermedad psicosomática:

Algunas enfermedades relacionadas con trastornos psicosomáticos son la hipertensión, el asma, la gripe, el cáncer, la impotencia, las alergias, la cistitis, la gastritis, la diarrea, la anemia, entre otras.

Una persona puede desarrollar un trastorno psicosomático debido al estrés, a un estilo de vida sedentario, a una mala alimentación, al consumo de determinadas sustancias perjudiciales para la salud, entre otros factores que generen en el individuo ansiedad, angustia, depresión o preocupación. asimismo, factores de índole social o cultural pueden asociarse a afecciones psicosomáticas.

Muy bien, ahora tenemos una idea mas amplia y clara de palabras y frases de gran uso, que nos ayudaran a comprender y meternos de lleno en el objetivo fundamental de este libro, que es:

"Ayudar a la gente que sufre física, emocional
o socialmente, a encontrar la mejor forma de
aliviar su pena, a recuperarse o que aprenda
a sobrellevarla para vivir con dignidad, y
conozcan lo que pueden hacer para convertirse
en la mejor versión de sí mismos"

TEMA 5

Que es la mente

Para un mejor entendimiento, quiero resaltar y abundar un poco más sobre una de las palabras clave de este proyecto:

La mente:

Esta es una palabra que la mayoría utilizamos de una manera imprecisa debido a que no ubicamos exactamente que es la mente… unos piensan que son los pensamientos derivados de un proceso realizado por el cerebro sin que podamos impedirlo, otros piensan que son las redes internas del cerebro en si mismas, otros que es el espíritu o el alma.

Desde el punto de vista gramatical, ortográfico o literal, la palabra mente esta descrita en los diccionarios como:

"La potencia intelectual del alma. Conjunto de actividades y procesos psíquicos conscientes e inconscientes, especialmente de carácter cognitivo".

Estoy seguro que la mayoría de nosotros no nos referimos a todo este enunciado cuando de manera coloquial la mencionamos.

Ahora bien, desde el punto de vista científico, la mente comprende el conjunto de capacidades intelectuales de una persona, como la percepción, el pensamiento, la conciencia y la memoria.

Es también la parte del ser humano donde se desarrollan estos procesos.

Mente también es sinónimo de pensamiento, propósito o voluntad. Por ejemplo: "Arturo tenía su mente puesta en su matrimonio.

En Psicología, el concepto de mente comprende el conjunto de actividades y procesos, tanto conscientes como inconscientes, de carácter psíquico (psiquie = alma), tales como la percepción, el razonamiento, el aprendizaje, la creatividad, la imaginación o la memoria.

La mente es lo que nos permite tener conciencia subjetiva. Como tal, no ocupa un lugar físico, de allí que sea un concepto abstracto.

Se la asocia generalmente con el cerebro, que es el órgano en el cual tienen lugar estos procesos, pero se diferencia de este en que, mientras la mente es estudiada por disciplinas como la psicología y la psiquiatría, el cerebro es abordado desde la biología en función de los procesos físicos y químicos que tienen lugar en él.

La Dra. Caroline Leaf (Neurocientifica cognitiva) en su libro "Prende tu cerebro" haciendo referencia a estudios científicos que se han realizado lo explica ampliamente, pero en una forma muy resumida, dice:

1. La mente es **lo que el cerebro hace,** indicando que es el lugar donde se efectúan los procesos químicos que crean la mente.
2. El cerebro es **lo que la mente hace**, indicando que los pensamientos y las decisiones que tomamos, generan una expresión genética que se da en el cerebro.
3. En el espíritu se da la intuición, la comunión y la consciencia
4. El alma que al mismo tiempo es la mente se encarga del intelecto, las emociones y la libre voluntad
5. El cuerpo es solo la parte física, la sustancia que se puede ver

A. J. Miller (Maestro de Divina Verdad) en Brisbane, Australia, a través de uno de sus videos en su página www.divenetruth.com explica (aquí solo de manera muy resumida) que:

1. El cerebro es parte de nuestro cuerpo físico y en este también se encuentra el cuerpo espiritual y todo tiene vida a través del alma.
2. En el cuerpo espiritual se encuentra la mente controlada por un poder superior que nos lleva a generar pensamientos correctos.

3. En el cuerpo físico se localiza el cerebro que percibe la existencia de su ser, es decir, maneja información básica, percibe información, la almacena, la compara, la discierne y envía señales a todo el cuerpo para que se lleve a cabo su movimiento.

Como se puede notar, aun quienes han dedicado una gran parte de su vida a manejar este tipo de conceptos, no encuentran fácil explicar con claridad lo que quisiéramos saber, por lo tanto después de revisar a estos dos autores y algunos otros, pude darme cuenta que algunos de estos conceptos pueden ser utilizados indistintamente.

El punto para nosotros debe ser entender el mensaje de ellos para saber cómo nos vemos afectados por lo que se llama, mente, cerebro, alma o espíritu.
Con la información recolectada y aclarando que para algunos las palabras alma y espíritu son sinónimos, creo que para nuestro propósito:

Yo lo expresaría de esta manera

Vea página siguiente

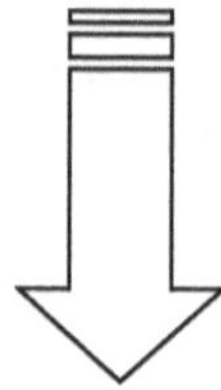

Alma:	La chispa divina, la energía que da vida.
Espíritu:	El "implante" hecho por Dios en **nuestro corazón** conteniendo la información que guía nuestros actos y acciones de acuerdo con su voluntad **(Cuerpo Espiritual – Espíritu Santo)**
Mente:	La acción que se produce simultáneamente por la interacción del espíritu con los estímulos recibidos (información) del exterior a través de nuestros 5 sentidos, haciendo decisiones que se materializan en pensamientos que a su vez el cerebro interpreta, clasifica, organiza y provoca reacciones
Cerebro:	Parte física del cuerpo que sincroniza movimientos, acciones y reacciones de carácter físico, emocional o espiritual.

Luego entonces, para mí, el ser humano es el cuerpo que todos podemos ver, pero debemos entender y aceptar que el ser humano no solo es su parte física, pues solo basta preguntarnos, ¿Cómo se mueve el cuerpo, como se traslada de un lado a otro, como es que escucha, habla, razona y toma decisiones?

Y, porque todo eso no es posible para los animales o los vegetales?

En mi búsqueda de información, he llegado a comprender que el cuerpo se mueve con el impulso del alma que no es otra cosa sino la vida misma, la "chispa divina", es decir la presencia de Dios nuestro creador.

También he concluido que el cerebro es como una computadora, aunque por supuesto es mucho más que eso, pero hago la analogía de la computadora porque así nos puede resultar más fácil entender que al igual que el cerebro, mientras solo sea una parte material sin ninguna información, no realizará ninguna función o tarea.

Casi todo el mundo sabe y entiende que para utilizar una computadora es necesario que ademas de la energia electrica cuente con al menos un programa básico que le permite comenzar a funcionar, y posteriormente a través de diferentes programas (instrucciones) que realizan los ingenieros programadores, podemos hacer que las computadoras realicen las tareas que nosotros deseamos y funcionaran en óptimas condiciones siempre que se les de mantenimiento y actualización para irlas haciendo más eficientes, y parece que por hoy, no sabemos hasta donde pueden evolucionar.

El cerebro, de alguna manera es como la computadora que "de fabrica" viene con información básica contenida en lo que los científicos llaman "cerebro reptileano" para que realice funciones básicas o instinto de sobrevivencia.

A partir de que el cuerpo inerte (incluyendo el cerebro) recibe la "chispa divina" y el "espíritu" reacciona, ya está en condiciones de comenzar a recibir más información, o sea, ya puede ser "programado" o "reprogramado" con los implantes mentales que poco a poco irá recibiendo a lo largo de su vida.

En este caso nuestros padres y familiares más cercanos son nuestros "programadores" primarios, quienes nos van proveyendo de la información más elemental para comenzar a realizar funciones cada vez más complicadas, como aprender a sentarse, pararse y caminar, tomar objetos con las manos, conocer colores, olores y sabores… etcétera.

Ya en una etapa posterior y con los nuevos programadores que iremos conociendo (escuela, trabajo, amigos) se aprende, a razonar, a comparar, a discernir y a concluir.

Y ya en una etapa mucho más avanzada se aprende a ser creativo.

En general así es como podemos entender en términos psicológicos la evolución del ser humano desde su nacimiento hasta su muerte…

Y entonces aquí nos podemos preguntar ¿Cómo y cuando comienza el sufrimiento?

Por último, hay que tener presente que la información que vamos recibiendo y que yo llamo "implantes mentales" se va almacenando en nuestro cerebro, el cual para mi, está dividido en al menos 2 grandes "gavetas"… **consciente y subconsciente**.

A partir de que una persona comienza a percibir el mundo que lo rodea, le da un sentido o un significado de acuerdo con la información que ha recibido desde la infancia y que se manifiesta a través de la interpretación de lo que vive… es decir, cada situación o evento es observado, analizado, comparado y discernido… o sea, se lleva a cabo el proceso del pensamiento y dependiendo de sus conclusiones, el cerebro reacciona creando emociones que son las que determinan los sentimiento y acciones de la persona.

Ver ejemplo en la siguiente pagina

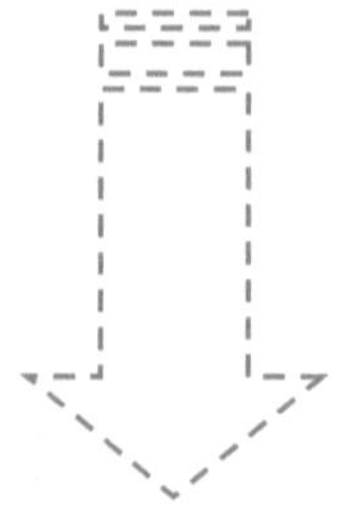

Mensaje recibido por el cerebro	Sensación que se genera	Reacción de la persona
No soy suficiente o no me siento capaz	Vacio en el estomago	Quisiera que alguien le asegure que está bien, que si puede
Soy una mala persona	Opresión en el pecho	Quisiera estar solo, no ver a nadie
Debí haber escuchado a mi amigo y no discutir con el	El corazón late muy rápido	Pedir perdón una y otra vez aunque el amigo le diga que todo está bien
Estoy estresado, necesito dejar de pensar	Demasiado abrumado	Beber alcohol o usar drogas para escapar
No me van a contratar para este trabajo	Estomago revoloteando, temor	Trata de encontrar una justificación para no ir a la entrevista
No me va a salir bien mi exposición	Un poco somnoliento, un poco de mareo	Quisiera encontrar a alguien que lo sustituya o posponer
Él / Ella me va a dejar	Miedo, nerviosismo, mariposas en el estomago	Verificar el correo esperando que él/ella diga que todo está bien
Estoy enojado con ella, pero ella tiene la culpa	Calor en la cara y los brazos	Discutir y aunque ella no tenga la culpa
De veras se me antoja comer algo dulce	Salivación, hambre	Comer helado o chocolates aunque esté tratando de perder peso
Quiero comer tocino, aunque el colesterol me puede hacer mal	Urgencia de complacer un antojo	Correr el riesgo de que el colesterol aumente y pueda dañarlo

Estas, igual que otras reacciones del cerebro que se generan por nuestros pensamientos son las que pueden contribuir al desarrollo de las enfermedades psicosomáticas.

Ejemplo de Falsos Pensamientos	Consecuencias probables
Estoy loco, y enfermo Quisiera ser tan bueno como... No le importo a nadie Me van a rechazar Algo está mal en mi Parece que todos los demás están bien No tengo control ni voluntad Nadie se fija en mi, tal vez siempre este solo Ni siquiera puedo cuidarme, menos a otros Quizás merezca sufrir Tengo hábitos que no puedo cambiar A veces quisiera mejor estar muerto Etcétera.	Siempre estoy cansado Ansiedad Angustia Miedo Enojo excesivo Odio Sudoración Taquicardias Dolor en el pecho, la espalda, los brazos Ganas de vomitar Tristeza, depresión, fatiga Mucho sueño Cuerpo hinchado Diabetes Infartos Etcétera.

Todo esto sucede de manera invisible debido al proceso de la mente que induce a generar los pensamientos que afectan las funciones del cerebro y que se reflejan en nuestra personalidad, nuestras relaciones sociales y nuestra salud física y emocional.

Por eso es demasiado importante que hayamos comprendido que es **LA MENTE** y como actúa en nuestro ser, pues solo así seremos capaces de entender como cambiarla o dicho de otro modo, como cambiar nuestra manera de pensar de acuerdo con lo previsto por el libro sagrado en Rom 12: 2 "… No se amolden al mundo actual, sino sean transformados mediante **la renovación de su mente**. Así podrán comprobar cuál es la voluntad de Dios, buena, agradable y perfecta".

Nótese que Rom 12:2 dice que **solo si renuevas tu mente** podrás darte cuenta de que tan buena y grande es la voluntad de Dios, o sea, que si no dejas de pensar y actuar como lo has venido haciendo dejandote llevar por lo que todos dicen, entonces no podrás entender su voluntad ni tendrás acceso a su reino.

Cambiar la manera de pensar o renovar la mente, es lo mismo que "volver a nacer".

En Juan 3: 3, Jesús le dice a Nicodemo "… De cierto, de cierto os digo que el que no naciere de nuevo, no puede ver el reino de Dios."…

Y a modo de aclaración en 3:5-7 dice: "De cierto, de cierto os digo, que el que no naciere de agua y del espíritu, no puede entrar en el reino de Dios.
Lo que es nacido de la carne, carne es; y lo que es nacido del Espíritu, espíritu es. No os maravilles de que os dije: Os es necesario nacer de nuevo.

Jesús está hablando de dos tipos de nacimiento, el primero es el nacimiento "carnal" y el segundo que es al que él se refiere, es el nacimiento "espiritual".

Nacer del agua significa "bautizarse" en el nombre de Jesús, es la declaración personal de aceptarlo como aquel quien nos salvara y nos guiara y nacer del espíritu implica no solo aceptarlo sino de todo corazón creer y obedecer sus mandamientos.

En otras palabras renovar la mente significa comenzar a ver el mundo (la forma de percibir la realidad) con los ojos de Dios, y comportarse conforme a su voluntad, es decir conforme a sus mandamientos.

Así es que bajo ninguna circunstancia debemos ignorar que el espíritu es el que guía nuestras primeras decisiones conforme a la voluntad de Dios… y así, con toda claridad podemos entender que la mente influenciada por el espíritu siempre te "aconseja" que actúes y te comportes **MORALMENTE**.

TEMA 6

Que es la fe

Hablar de la fe siempre desata apasionadas controversias por su complejidad.

La Fe según el diccionario significa:

- **Creer** firmemente o tener mucha confianza en alguien o algo
- Conjunto de creencias de alguien, de un grupo o de una multitud de personas.
- Confianza, buen concepto que se tiene de alguien o de algo…

Y Creer significa:

- Considerar o aceptar una cosa como cierta si n tener pruebas irrefutables de ella, por ejemplo, "se cree todo lo que le dicen".
- Pensar o suponer que una persona o una cos a son de una determinada manera, por ejemplo, "creo que éste es el camino correcto"; o "no la creia tan simpatica"
- Considerar o juzgar a una persona de determ inada manera; "lo creo muy inteligente".
- Darle crédito, tener confianza en lo que alguien dice o hace.

Por lo tanto, las palabras "fe" y "creer" son sinónimos

Desde el punto de vista religioso, la fe significa:

En Hebreo:

La palabra para traducir Fe en Hebreo es "Emunah", lo cual significa "verdad, fidelidad, fe, firmeza".

Esta palabra proviene de la misma raíz de la palabra "Amen". por eso es que al decir Amen, estamos confirmando la verdad que se ha dicho.

En Griego:

El significado de la palabra Fe es "Pistis", lo cual es mucho mas sencillo y se traduce como "Confianza".

Ahora bien, en **la Biblia** se puede ver que la palabra fe tiene un gran significado ya que implícitamente lleva la enseñanza de un profundo mensaje que explicaré en este capítulo para comprender los recursos que utiliza la ciencia sin entender su conexión espiritual.

La biblia en diferentes versículos nos dice que es la fe, como se consigue y cuál es su poder:

(Gal 5: 22)
La fe es una obra del espíritu de Dios

(Romanos 10: 17
 Así que **la fe** es por el oír, y el oír, por la palabra de Dios.

(Marcos 10: 15)
De cierto os digo, que el que no reciba el reino de Dios como un niño, no entrará en el.

(Romanos 3: 22)
"… justicia de Dios por medio de **la fe** en Jesucristo, para todos los que creen en el… "

(2 Tim 3: 15)
Desde la niñez has sabido las Sagradas Escrituras, las cuales te pueden dar la sabiduría que lleva a la salvación mediante **la fe** en Cristo Jesús.

(Efe 2: 8-9) **8)**
"… Por gracia sois salvos por medio de **la fe**; y esto no de vosotros, pues es don de Dios" **9)** no por obras, para que nadie se gloríe.

(Santiago 2: 17)
Así también **la fe**, si no tiene obras, es muerta en sí misma.

(1 Timoteo 4:6)
Al señalar estas cosas a los hermanos serás un buen ministro de Cristo Jesús, nutrido con las palabras de **la fe** y de la buena doctrina que has seguido.

(Gal 1: 23)
El que en otro tiempo nos perseguía, ahora predica **la fe** que en un tiempo quería destruir.

(Judas 1:3)
"… exhortándolos a luchar ardientemente por **la fe** que de una vez para siempre fue entregada a los santos.

(Romanos 1: 12)
…esto es, para ser mutuamente confortados por **la fe** que nos es común a vosotros y a mí.

(Lucas 7: 50)
Pero el dijo a la mujer: Tu **fe** te ha salvado, ve en paz.

(Lucas 18: 42)
Jesús le dijo: recibe tu vista, tu **fe** te ha salvado

(2 Corintios 5: 7)
(porque por **fe** andamos, no por vista)

(1 Tesalonicenses 5: 8)
"… con la coraza de **fe** y de amor, y con la esperanza de salvación como yelmo… "

(1 Pedro 5: 9)
"… resistid firmes en **la fe**,… "

(1 Juan 5: 4)
Porque todo lo que es nacido de Dios vence al mundo, y esta es la victoria que ha vencido al mundo, nuestra **fe**.

(1 Pedro 1: 9)
obteniendo el fin de vuestra **fe**, que es la salvación de vuestras almas. No obstante todas las citas anteriores, también existe la **"fe falsa"** y es más común de lo que uno puede imaginarse.

(Hebreos 11: 6)
Pero sin **fe** es imposible agradar a Dios; porque es necesario que el que se acerca a Dios crea que le hay, y que es galardonador de los que le buscan.

(Juan 2: 23-25) **23)**
Cuando Jesús estaba en Jerusalén durante la fiesta de la Pascua, muchos creyeron en su nombre al ver las señales que hacía. **24)** Pero Jesús, en cambio, no se confiaba en ellos, porque los conocía a todos, **25)** y no tenía necesidad de que nadie le diera testimonio del hombre, porque él conocía lo que había en el interior del hombre.

(Romanos 10: 14)
¿Cómo, pues, invocarán a aquél en quien no han creído? ¿Y cómo creerán en aquél de quien no han oído? ¿Y cómo oirán sin haber quien les predique?

Santiago 2: 19)
Por supuesto, Tú crees que Dios es uno. Haces bien; también los demonios creen, y tiemblan.

Yo no creo en el cumplimiento de los milagros "a la carta" aunque se pidan con mucha fe, para mí, los milagros no suceden a petición de alguien sino por la propia naturaleza y sabiduría de Dios... solo Dios sabrá cómo, cuándo y a quien... nosotros solo podemos esperar que así sea.

No necesitamos carta de recomendación para que Dios nos conceda la gracia del perdón ni cualquier otro regalo que el otorga a cualquiera de sus hijos, sin distingo alguno.

Además, espero que estés de acuerdo conmigo en que por el solo hecho de que una persona no crea en ese tipo de milagros, no quiere decir que Dios la castigaría o se vengaría o que no le concediera un milagro si lo necesitara... Dios nos da lo que necesitamos en el momento justo, a creyentes o no porque todos somos parte de su creación y conoce nuestras fortalezas y debilidades.

No todos los que se acercan a Dios tienen fe, muchos lo hacen como como ultimo recurso despues de que no pudieron ser felices a través del dinero, el placer o el poder

TEMA 7

Que es el sufrimiento

Muchas personas conocemos el sufrimiento, algunos desde que nacimos y otros apenas están comenzado.

Cada persona puede entender el sufrimiento de manera distinta pero debemos y somos capaces de darnos cuenta de que algo nos está pasando que no nos gusta o que no nos hace sentir bien, y que al mismo tiempo nos hace vernos a nosotros mismos como personas **"anormales"** (enfermos y viviendo con dolor)

Hay muchos libros que hablan del sufrimiento que causa el dolor físico cuyo origen puede provenir de una enfermedad mental, y dependiendo de cada persona, los síntomas pueden variar sin embargo pueden haber muchas coincidencias, por ejemplo:

- No sentirse bien con lo que se tiene o con lo que se es
- No aceptar la realidad que nos rodea
- Sentirse rechazado
- Sentirse enfermo
- Pensar que no se es capaz de muchas cosas

Debemos ser capaces de reconocer que este tipo de síntomas son algo "anormal" y aceptar que no sabemos qué hacer pero que deseamos estar sanos, es decir, volver a la "normalidad".

Quisiéramos que las cosas fueran de otro modo, quisiéramos estar convencidos de que todo lo tenemos y que no nos falta nada, así como saber que somos tan capaces como los demás

Cuando notamos que estamos sufriendo buscamos ayuda como nos enseñaron a hacerlo aquellos por quienes fuimos "educados"… o sea, nuestros familiares, amigos y otras personas cercanas.

En la cultura occidental y principalmente en América Latina, mucho de la educación está basada en costumbres y tradiciones dejando como algo secundario a los avances científicos y tecnológicos.

Cuando alguna persona se siente mal o dice que le está yendo mal, uno de los primeros consejos que recibe es que le "rece" a Dios, a la "Virgen María" o a la "Virgen de Guadalupe" o a alguno de los santos que se veneran con mucha devoción.

Y lo creas o no, cuando lo haces con una fuerte convicción esto funciona porque al hacerlo, tu te estás liberando de la responsabilidad de hacerte cargo tu mismo y sin que lo notes… te relajas, te desestresas y eso favorece al mejor funcionamiento de tu cuerpo y mente.

Esta costumbre se fortalece generalmente cuando después de que el "enfermo" ha probado los remedios mas aceptados "socialmente", es decir, visitar al médico, al curandero o hasta algunos charlatanes que ofrecen curas sobrenaturales.

Solo así, y despúes de agotar las prácticas más comunes sin que se haya conseguido lo que se deseaba, es cuando se busca por el lado "espiritual", o sea, cuando se piensa en Dios.

Muchas personas, al buscar la ayuda de Dios se acercan a las iglesias y en algunas de ellas, y allí además de orar y pedir por ayuda por el que sufre, se llevan a cabo ciertos "ministerios" que pretenden ayudar a una más pronta y eficaz recuperación; y de hecho, por eso han surgido iglesias o instituciones como la Sienciologia o el Cristo Científico (entre muchas otras) que al igual que algunas que se basan en la astrología, la metafísica o la física cuántica practican sus propios métodos para ayudar a la persona que sufre a que alcance su estado optimo física y emocionalmente.

Todas las iglesias, aun las más conservadoras y aunque muchas no lo reconozcan o no se den cuenta, utilizan una metodología basada principalmente en aspectos científicos más que espirituales o de fe.

Tal y como lo platiqué en mi libro "Un Nuevo Dios", antes de buscar su ayuda en la iglesia para ser "normal" o recuperar la salud y armonía de cuerpo y mente, también busqué soluciones a través de terapia psicológica y acepté tomar medicamentos que me ayudarían a resolver mi problema fundamental, o sea, la depresión clínica hasta que me enteré de que en las iglesias y algunas otras instituciones podrían ayudarme y así busque, encontré y participé en un sinnúmero de ministerios ("cursos" o eventos "religiosos") que ofrecían la ayuda que yo deseaba encontrar… sin imaginar en esos momentos que lo que de pronto encontraría era "A Un Nuevo Dios".

A modo de resumen, quiero decir que a través de todo este proceso de búsqueda que formalmente comenzó más o menos en el año 2004, y que para mi concluyó a finales del año 2018, cuando con tristeza me di cuenta que todo intento para sentirme "normal" había sido fallido, decidí dejar de buscar nuevas opciones, pues se que pueden haber más de las que podría probar seriamente en el resto de mi vida… Además, con las opciones que conocí y con toda la información que recolecte, estuve seguro de que tenía los elementos necesarios y suficientes para crear mi propio método... y así surgio: "Introspeccion Dirigida".

Sin embargo siempre estaré abierto a conocer otros trabajos encaminados a lo mismo pero ya no dedicaré tiempo a "experimentar" "técnicas no probadas" o "métodos experimentales" que no presenten una propuesta clara y objetiva, es decir, no volveré a aceptar sin haber preguntado y entendido el cómo funciona para poder participar conscientemente y no sentirme solo un conejillo de indias.

Lo que supuestamente debía haber funcionado mejor, era el tratamiento con medicamentos antidepresivos prescrito por médicos que presumiblemente deberían estar seguros de su efectividad, aunque por supuesto ellos no son los creadores de los medicamentos y solo los prescriben por lo que les dicen los representantes de los grandes laboratorios farmacéuticos, ellos lo creen pero nunca lo verifican, no cuentan con los recursos técnicos y científicos para hacerlo y solo dejan huella de los resultados cuando documentan su inefectividad en los records médicos de sus pacientes.

Las diferentes culturas y los grupos religiosos diferentes al Cristianismo pueden o no tener la misma percepción sobre el origen del ser humano.

Pero para quienes nacimos bajo la influencia del Judeo-Cristianismo y no solo por la FE sino por la razón, también, hemos entendido y aceptado que la

Biblia es la palabra de Dios que nos habla de su voluntad; sabemos que Dios es omnisciente, omnipotente y omnipresente, y que por lo tanto, **todo lo que él creó es perfecto,** incluyéndonos a nosotros los seres humanos que somos a su imagen y semejanza.

Aun así, hay que recordar que **Satanás** (palabra de origen Hebreo que significa el enemigo, el adversario, el que se opone a la divinidad) es **"el Dios de este mundo"** (2Cor 4:4), y ha estado presente desde el principio de los tiempos tratando de impedir que se cumpla la voluntad de Dios nuestro creador.

Gen 2: 16-17 "Y mando Dios al hombre, diciendo: de todo árbol del huerto podrás comer" "Mas del árbol de la ciencia del bien y del mal no comerás; porque el día que de el comieres, ciertamente morirás.

Gen 3: 1 "Pero la serpiente era más astuta… le dijo a la mujer ¿Con que Dios ha dicho que no coman de todo árbol del huerto?"

La serpiente es Satanás engañando a la mujer para que desobedezca la voluntad de Dios. Ella creia saber pero no se dio cuenta que el diablo ya tiene casi 5mil años de experiencia en engañar.

Así fue como el ser humano comenzó a ser "anormal", cuando la tentación y la desobediencia encontraron complicidad con el placer; y cuando los desobedientes se percataron de lo que habían hecho, de inmediato comenzaron a pagar las consecuencias… comenzaron a arrepentirse y a sentir vergüenza de haber descubierto la desnudes del uno y del otro, además de sentir temor del castigo que Dios podría imponerles… **Comenzaron a sufrir**.

Eso fue solo el principio de muchas calamidades y tragedias que se desencadenarían en la vida para todos los humanos **por no acatar la voluntad de Dios.**

Desde siempre todos nos acusamos los unos a los otros y nos señalamos nuestras fallas y defectos, auto-engañándonos o a veces estando sinceramente convencidos, aunque esa sincera convicción no corresponda a la verdad, pues todos hemos aprendido "la verdad" de una manera muy personal y de acuerdo con el ambiente que nos rodea.

Y luego entonces, nos hacemos daño al no poder ayudarnos sino al contrario, traicionándonos, abusando de nuestra posición social pretendiendo ser más o mejor que los demás… por eso el sufrimiento no dejará de existir hasta que el reino de Dios venga a nosotros, es decir, hasta que seamos capaces de "renovar nuestra mente" por otra que nos permita cumplir la voluntad de Dios.

Mientras tanto, **a través del método** que he desarrollado (Introspección Dirigida) cada uno de nosotros podemos hacer algo para mejorar nuestra vida y encontrar **nuestra mejor versión** para vivir en armonía con el universo.

TEMA 8

Que es "enfermedad mental"

"La Clínica Mayo dice que la enfermedad mental, también se conoce como trastorno de salud mental, y se refiere a una amplia gama de afecciones de salud que afectan tu estado de ánimo, pensamiento y comportamiento.

Algunos ejemplos de enfermedades mentales son la depresión, los trastornos de ansiedad, la esquizofrenia, los trastornos alimentarios y las conductas adictivas".

Muchas personas tienen "problemas de salud mental" de vez en cuando. Sin embargo, un problema de salud mental se convierte en un transtorno de personalidad cuando los signos y síntomas son continuos causando estrés y afectando tu capacidad para funcionar.

Los síntomas de la enfermedad mental pueden variar según el trastorno, las circunstancias y otros factores, pueden afectar las emociones, los pensamientos y las conductas.

Ejemplos de los síntomas entre otros los siguientes:

- Sentimientos de tristeza o desánimo
- Pensamientos confusos o capacidad reducida de concentración
- Preocupaciones o miedos excesivos
- Sentimientos intensos de culpa o resentimientos
- Altibajos y cambios radicales del estado de ánimo
- Alejamiento de las amistades y de las actividades
- Cansancio importante, baja energía y problemas de sueño
- Desconexión de la realidad (delirio), paranoia o alucinaciones
- Incapacidad para afrontar los problemas o el estrés de la vida diaria
- Abuso de drogas o de alcohol
- Cambios importantes en los hábitos alimentarios
- Cambios en el deseo sexual (inapetencia, impotencia, hastío)
- Exceso de enojo, hostilidad o violencia (reacciones inesperadas)
- Pensamiento suicida o deseo de estar muerto

Así las cosas, es posible que casi todo el mundo pueda encontrar reflejo con cualquiera de estos síntomas, sin embargo no hay que perder de vista que nosotros mismos somos quienes debemos saber si lo que estamos viviendo es **eventual o constante**.

Una "enfermedad mental" puede hacerte sentir miserable y causar problemas en tu vida diaria, en la escuela, en el trabajo o en las relaciones interpersonales.

En la mayoría de los casos, los síntomas se pueden controlar con una combinación de medicamentos, terapia de conversación (psicoterapia) y lo mas importante FE.

Después de todos los caminos que recorrí durante mi búsqueda de Dios, me di cuenta de que el ser humano había sido creado para funcionar perfectamente, es decir de manera "normal"; y para entender el porqué deja de hacerlo, hay que conocer el origen y el medio ambiente en que creció cada persona en particular.

Apoyándonos en la teología Judeo-Cristiana, que nos enseña que toda la creación de Dios fue perfecta incluyendo al ser humano, aquí es donde debemos comenzar para entender lo que es **"estar bien"** y lo que es **"estar mal"**, para poder distinguir entre lo **"normal"** y lo **"anormal"**, siendo este ultimo término el que encierra la mal función o enfermedades relacionadas con el ser humano y con otros aspectos de la vida.

Dios creó perfecto el universo y no hay razón para dudarlo, pues cuando un artista realiza una creación, lo hace con la finalidad de que sea admirada y aceptada y con el propósito de que permanezca y trascienda, y no para destruirla ni para enfrentar la frustración de una obra imperfecta.

Y aunque todo esto suene "subjetivo" por sus bases teológicas, ¿acaso hay una mejor manera de explicar nuestra esencia?, ¿acaso podríamos creer que Dios se equivocó, o que a propósito nos creo desiguales para provocar envidia y sufrimiento?

No lo creo, pero tú tienes el derecho, el privilegio y la oportunidad de vivir con tus propias convicciones, y si esas te sirven y te han ayudado a trascender… ¿Porque no compartirlas?

Somos millones de seres humanos los que estamos buscando entendimiento y alivio a nuestro sufrimiento y que tenemos la esperanza de que un día algo o alguien hará que así sea.

Seguramente el ser humano nació en condiciones iguales pero, como resulta natural, siempre ha existido la necesidad o la conveniencia de que un individuo o un grupo de individuos tomen decisiones y guíen a los demás, y en ese proceso nunca ha faltado quien se sienta mal tratado y se rebela.

Cuando el trato desigual sucede, hay división de grupos y empieza la competencia por una mejor "tajada" de la vida.

Esa división y esa competencia se vuelve exponencial y así, no queda otro remedio que reconocer que todos los que hoy estamos vivos, provenimos de alguno de esos grupos.

Este libro, no pretende explicar cómo se pudieron generar muchísimos grupos, con ideas, anhelos y valores diferentes en la gran sociedad mundial, pero si podemos decir que el resultado de ese gigantesco proceso ha producido individuos:

"NORMALES"	"ANORMALES"
Orgullosos	Descontentos
Ricos	Pobres
Inteligentes	Ignorantes
Trabajadores	Ociosos
Compasivos	Crueles
Caritativos	Rencorosos
Agradecidos	Desagradecidos
Sanos	Enfermos
Creativos	Destructivos
Prudentes	Atrabancados
Leales	Traicioneros

Etcétera.

Cuando los "anormales" se dan cuenta que lo son, muchas veces intentan y pretenden ser "normales", pero encuentran múltiples impedimentos que provocan sentimientos de impotencia, frustracion e inferioridad, así como una clara convicción de que difícilmente podrían llegar a ser como quisieran.

Sin embargo, dentro de la sociedad global todos interactuamos y así nos mezclamos "normales" con "anormales" pero las "apariencias" engañan y muchos pretendemos hacernos pasar por alguien mejor a quiénes realmente somos y así es cómo aspiramos subir la escalera, esperando encontrar en ese mar de confusión a alguien que nos ayude, pero en ese intento nos defraudamos y nos frustramos y la vida pierde sentido y entonces comienza una rebelión interior contra uno mismo o… contra Dios.

Como resultado de esa frustración nos "enfermamos", nos volvemos vengativos, rencorosos, envidiosos, etcétera, y eso no nos ayuda a llegar a donde queremos y eso nos vuelve apáticos y antisociales y nuestro ser se llena de amargura, de dolor y de falta de esperanza.

Por eso es que cuando en algún momento nos sentimos aceptados y vemos que nos reciben con agrado, por un momento nos olvidamos de la "enfermedad", se produce un gran cambio, nos sentimos contentos y se nos olvida que hemos sido rechazados por otros, nos llega una nueva emoción que nos motiva a seguir adelante… todos deberiamos abrazarnos y sonreirnos.

Eso sería la medicina para todos… pero como todos nos engañamos, nos volvemos incrédulos y continuamos sintiéndonos defraudados y traicionados y nos volvemos inseguros e improductivos y cuando todo lo que intentamos para vivir mejor no funcionó, es cuando nos acordamos que quizás Dios si podría ayudarnos.

Todo lo negativo que sucede en el proceso de querer ser "normales" nos lleva a manifestar nuestra incomodidad de diferentes maneras, ya sea mintiendo, lastimando, robando, traicionando, abusando de los demás, o simplemente evadiéndonos de la realidad, queriendo vivir nuestro dolor en silencio sin que lo noten los demás…

Esto es lo que en la sociedad se refleja como "enfermedad mental" y dependiendo de diferentes variantes se conoce como "ansiedad", "depresión", "bipolaridad", "psicosis", "esquizofrenia", etc.

Lo cual no es otra cosa más que la manifestación de la falta de interés o motivación para seguir compitiendo en una lucha desigual y el miedo a ser excluidos o rechazados por la sociedad cada vez más.

<u>Otros hechos publicados por NAMI,
en el mes de Octubre de 2019:</u>

Seis mitos… *sobre las enfermedades mentales*

Por Sky Lea Ross 01 de octubre de 2019

El estigma asociado con la enfermedad mental ahora se llama "sanismo". Al igual que el racismo o el sexismo, es una forma de opresión y discriminación. Y hay mucho sanismo y desinformación alrededor de las enfermedades mentales todavía presentes en nuestra sociedad.

Depende de nosotros, la comunidad de salud mental, educar a los demás y dejar las cosas claras.

Estos son algunos de los conceptos erróneos comunes que la gente hace y lo que necesita saber.

Mito 1: Enfermo mental significa que estar "loco".
Realidad: Es simple y llanamente, tener una enfermedad mental no significa que estés "loco". Significa que eres vulnerable. Significa que tienes una enfermedad con síntomas desafiantes, lo mismo que alguien con una enfermedad como la diabetes. Mientras que la enfermedad mental puede alterar su pensamiento, desestabilizar sus estados de ánimo o sesgar su percepción de la realidad, eso no significa que usted está "loco." Significa que eres humano y eres susceptible a la enfermedad, lo mismo que cualquier otra persona.

Mito 2: El enfermo mental es violento y peligroso.

Realidad: En los últimos años, Estados Unidos ha tenido un aumento de la violencia masiva. Cada vez que estas tragedias tienen lugar, los medios de comunicación se apresuran a juzgar a los sospechosos y etiquetarlos como "mentalmente perturbados" o "enfermos mentales".

En realidad, el odio no es una enfermedad mental. Sólo el 5% de los crímenes violentos en los Estados Unidos son cometidos por personas con enfermedades mentales graves.

La desafortunada verdad es que las personas con enfermedades mentales son más propensas a ser víctimas de violencia que los perpetradores. No hay razón para temer a una persona con una enfermedad mental sólo por su diagnóstico.

Mito 3: Los bipolares siempre están malhumorados. **Realidad:** El trastorno bipolar no causa cambios de humor. Causa ciclos que duran semanas o meses. La gente a menudo lanza alrededor del término "bipolar" para describir el clima. Cuando dicen esto, rinde a la gravedad de la condición y crea desinformación sobre lo que el trastorno bipolar es realmente.

El trastorno bipolar hace que tengas episodios en los que experimentas manía (alta energía, pensamientos rampantes, incapacidad para dormir, ideas o perspectivas grandiosas, etc.) y estados depresivos (sentirte muy lento, triste, suicida, tener baja autoestima, incapacidad para concentrado, etc.) Estos altos y mínimos extremos se turnan, pero no cambian ni se balancean de un momento a otro.

Mito 4: El trastorno de estrés postraumático (TEPT) es sólo una enfermedad del hombre militar.
Realidad: El trastorno de estrés postramente no es sólo una enfermedad militar. Cualquiera puede tener TEPT.

Una víctima de violación o agresión sexual, una víctima de abuso doméstico, una sobreviviente de un desastre natural, alguien que ha sufrido una pérdida o incluso una persona que no enfrentó ninguna violencia o amenazas físicas directamente, pero que pasó a presenciar a otra persona que lo hizo (es decir, vicario vicario (es decir, vicario vicario mismo (es decir. traumatismo).

Los síntomas incluyen tener flashbacks de ese evento o eventos, pesadillas/terrores nocturnos, ataques de ansiedad/pánico, tomar precauciones para evitar recordatorios o "disparadores" del evento, reaccionar de una manera como si el evento estuviera re-ocurriendo, etc.

Mito 5: Los medicamentos psiquiátricos son malos.
Realidad: La gente tiende a creer que la medicina psiquiátrica es dañina. Eso, o creen que los medicamentos psiquiátricos son simplemente "píldoras felices" y "una salida fácil" para aquellos con enfermedad mental para evitar lidiar con sus problemas. Una vez más, esto simplemente no es cierto.

Al igual que cualquier otra condición médica perjudicial, la enfermedad mental sigue siendo una enfermedad. Para muchos con enfermedad mental, la medicación es necesaria, al igual que lo sería para un diabético que toma insulina. Para algunas personas con enfermedad mental, se necesitan medicamentos para sobrevivir.

Para otros, como aquellos que tienen depresión leve a moderada, ansiedad o TDAH, los medicamentos pueden ayudar a aliviar los síntomas, para que puedan funcionar normalmente. Y tener terapia regular combinada con medicamentos puede mejorar en gran medida la calidad de vida.

Mito 6: Buscar ayuda para las enfermedades mentales conducirá a ser ostracizado y empeorará los síntomas.

Realidad: Sé que es difícil llegar a alguien acerca de tener una enfermedad mental, especialmente porque son tan comúnmente incomprendidos y las personas que no están familiarizadas con la enfermedad mental tienden a pensar que las personas son como son debido a la naturaleza, la personalidad o la actitud.

Pero cuando tienes la fuerza, el coraje y la valentía para abrirte a otra persona, estás trabajando para aliviar el estigma, aumentar la conciencia, empoderarte, crecer como persona y promover la comprensión de la salud mental.

Así que no dejes que las percepciones de otros te asusten de recibir la ayuda que necesitas.

Es importante que evitemos que las instituciones sociales enmarquen a las personas como violentas o "locas" por tener una enfermedad que está fuera de su control.

Los enfermos mentales pueden funcionar
Por Katherine Ponte, BA, JD, MBA, NYCPS-P, CPRP 21 de octubre de 2019

Estuve desempleada durante muchos años mientras estaba más enferma. Durante ese tiempo, me sentía inútil y dependiente.

¿por qué? Debido a los impactos debilitantes de las enfermedades metales. El miedo de tener que explicar mi currículum manchado debido a múltiples hospitalizaciones y episodios depresivos.

La conciencia de que nada de lo que había hecho antes de enfermarme parecía contar.

La perspectiva de tener que empezar de nuevo.

El estigma que me dijo que no podía trabajar.
El estigma dice a las personas con enfermedades mentales que no somos ambiciosos, motivados, inteligentes o capaces. Dice que somos incapaces de manejar el estrés, demasiado enfermos e incluso potencialmente peligrosos. Sin embargo, todos estos son mitos, y la creencia común de que las personas con enfermedadmental no pueden funcionar, es un mito.

Lamentablemente, estos conceptos erróneos combinados con la falta de apoyo impiden que muchas personas con enfermedades mentales trabajen.

Según los datos de la encuesta de 2010, "las tasas de empleo disminuyeron con el aumento de la gravedad de las enfermedades mentales". Y "Las personas con enfermedades mentales graves son menos propensas que las personas con enfermedad mental no, leve o moderada a ser empleadas después de los 49 años".

Este es un problema que necesita nuestra atención. Las personas con enfermedades mentales pueden, deben y a menudo necesitan trabajar.

Los costos sociales del desempleo y subempleo de las personas que viven con enfermedades mentales son incalculables: deteriorado de la salud, costos adicionales de atención médica, lucha financiera para las familias, entre muchos otros.

Además, el trabajo da una fuente de propósito y nos permite contribuir a nuestras familias y a la sociedad.

El empleo sostenido es un factor increíblemente importante para la recuperación.

Y la mayoría de las personas con enfermedad mental pueden tener éxito con el apoyo adecuado.

TEMA 9

Consecuencias de la enfermedad

Es muy probable que la ciencia médica no pueda diagnosticar todas las enfermedades y si encuentra una "nueva desconocida enfermedad" normalmente la etiqueta como "síndrome de..." para destacar que esa enfermedad se parece a otra que conocen pero que tiene ciertas características que la hacen diferente y le agregan el apellido de quien lo notó.

Así mismo, la ciencia se ha encargado de investigar qué es lo que puede causar una enfermedad, y a lo largo del tiempo han descubierto que muchas enfermedades son generadas por organismos microscópicos como las bacterias o los virus.

Estos organismos microscópicos son organismos vivientes y han encontrado en el cuerpo humano y en el animal un ambiente ideal para sobrevivir a través de células y tejidos que pueden constituir alguno de nuestros órganos internos.

El virus precisa de una célula para vivir, las bacterias en cambio están en el medio ambiente. Algunas bacterias viven en nuestro cuerpo y no nos ocasionan problemas, se encuentran en el agua y en la tierra, en las superficies de los alimentos que comemos y en las superficies que tocamos.

Resulta fácil entender que cuando estos micro-organismos invaden al cuerpo humano si no se combaten oportunamente pueden generar estragos que pueden llegar hasta la muerte.

Los síntomas que se pueden presentar en una persona por la microscópica invasión, generalmente se manifiestan de una manera muy notoria, como por ejemplo: vomito, sangrado, ronchas, ceguera, sordera, parálisis parcial o total del cuerpo, etc.

Siendo así, sería muy difícil tratar de atribuir alguno de esos síntomas a un problema de salud mental, aunque hay quienes han afirmado que debido al estrés el sistema inmunológico puede llegar a debilitarse tanto, al grado de que el cuerpo se quede sin defensas para protegerlo.

Sin embargo también sabemos y ha sido cientificamente probado que el estrés puede desencadenar una serie de problemas de salud en el cuerpo humano, por ejemplo: agotamiento, desordenes sexuales, estreñimiento, infecciones en la piel, acné, perdida de la memoria, sobrepeso y obesidad, perdida de cabello, dolores de espalda, insomnio, Etcétera.

En Wikipedia encontré el siguiente articulo:
"El estrés (del latín stringere 'apretar' a través de su derivado en ingles stress 'fatiga de material') es una reacción fisiológica del organismo en el que entran en juego diversos mecanismos de defensa

para afrontar una situación que se percibe como amenazante o de demanda incrementada.

Fisiológica o biológica es la respuesta de un organismo a un factor de estrés tales como una condición ambiental o un estímulo.

El estrés es el modo de un cuerpo de reaccionar a un desafío.

De acuerdo con el evento estresante, la manera del cuerpo a responder al estrés es mediante el sistema nervioso simpático de activación que da lugar a la respuesta de lucha o huida.

Debido a que el cuerpo no puede mantener este estado durante largos períodos de tiempo, el sistema parasimpático tiene tendencia a hacer regresar al cuerpo a condiciones fisiológicas más normales (homeostasis).

En los humanos, el estrés normalmente describe una condición negativa (distrés) o por el contrario una condición positiva (eustrés), que puede tener un efecto mental, físico e incluso de bienestar o malestar en un ser humano, o incluso en otra especie de animal".

Luego entonces, cabe subrayar que el estrés puede ser el disparador de varios transtornos o enfermedades que pueden ir de la ansiedad, la angustia, la depresión, la bipolaridad, a cualquier otro tipo de enfermedad fisica… y si ademas se quebrantan las leyes (juridicas, sociales, morales) seguramente se desatara un desequilibrio emocional que se puede convertir en la causa psicosomática de alguna de las diferentes manifestaciones que se muestran a continuacion:

Físicas

Estrés, cansancio, debilidad, fragilidad, sudoración, insomnio, problemas digestivos, diabetes, taquicardias, presión arterial alta o baja, impotencia sexual, frigidez, ataque cardiaco, embolia, cáncer, etc. Aclarando que todos estos problemas pueden también resultar por causas psicosomáticas.

Mentales o emocionales:

Sentimientos de superioridad o inferioridad, inseguridad, celos, miedo, vergüenza, falta de motivación, nerviosismo, desconfianza, tristeza, ansiedad, angustia, desesperación, envidia, rencor, culpabilidad, deseos de morir, etc.

Sociales:

- Incapacidad para afrontar el estrés o los problemas de la vida diaria
- Pérdida del empleo o dificultad para conservarlo u obtenerlo
- Problemas con la familia, esposo(a), hijos, padres, hermanos, etc.
- Distanciamiento de las amistades.
- No tomado en cuenta para eventos sociales.
- Conflictivo(a), genera temor y desconfianza
- Intolerancia y abuso de drogas y alcohol
- Etcetera.

El incumplimiento de las leyes jurídicas nos lleva al pago de multas, a la privación de la libertad y muchas veces a la pena capital, es decir a la muerte.

El incumplimiento de las leyes sociales nos lleva a la segregación o expulsión de la comunidad.

El incumplimiento de las leyes morales nos lleva a los sentimientos de culpa, tristeza y desolación.
Y del incumplimiento de cualquiera de estas 3 leyes puede surgir un castigo que puede llegar a ser insufrible… **el "desequilibrio emocional" o "perdida de la cordura".**

Esto sucede porque nadie resiste la consecuencia de ser "expulsado del paraíso", es decir, todos queremos vivir en libertad, todos queremos ser aceptados en nuestra sociedad y vivir con dignidad y, así debería ser si siguiéramos los estándares de normalidad.

Muchos de los factores que inciden en el desequilibrio emocional son externos y no tenemos control sobre ellos ya que solo somos víctimas de las circunstancias, pero el desequilibrio por la violación de las leyes, solo podemos adjudicarlo directamente a nosotros mismos, y en cualquiera de los casos, las consecuencias se pueden manifestar como enfermedad física, mental o combinada.

Es difícil establecer que nos motiva a violar las leyes pero de alguna manera podemos mencionar como causas principales: la injusticia, la pobreza, la traición, la corrupción, la extorsión, el desamor, etcétera… lo que nos deja ver que una falta conduce a otra y a otra y a otra.

Así es como todo se vuelve anormal y en cada individuo se puede manifestar de diferentes maneras pues depende de quién, cuando, como o porque haya sido afectado, ya que además, no es igual si sucede en la primera infancia, en la adolescencia, en la adultez o en la vejez.

El ser humano fue diseñado y creado por Dios para vivir y "funcionar" bien, pero como ya se ha explicado, "el malo" siempre se interpone para malograrlo.

Esta es una realidad a la que nadie puede escapar y todo comienza desde que nacemos, pues nacemos de padres que seguramente han cometido faltas y que han o todavía siguen pagando las consecuencias.

De modo que en la medida en que vamos creciendo, nuestros padres y familiares más cercanos podrían prevenirnos de las consecuencias de incumplir las leyes, siempre que ellos mismos hayan aprendido cuales son los estándares de normalidad conforme a "la ley".

Por eso, **resulta necesario** que para evitar una malinterpretación de las leyes, nos demos cuenta y nos comprometamos a aceptar que tenemos que **renovar nuestra mente**, lo cual implica aclarar y actualizar nuestra información sobre lo que hasta ahora hemos aprendido y aceptado como bueno.

TEMA 10

Aspectos medicos

Desde hace más de un siglo, los médicos de esos tiempos llamaron "desordenes o enfermedad mental" a diferentes manifestaciones de la personalidad no comunes… Sigmund Freud encontró que muchos de esos "desordenes" se debían a sentimientos o emociones reprimidas y muchas de esas emociones las relacionó con aspectos de la sexualidad.

La sexualidad reprimida definitivamente puede ser una de las causas que deriven en desordenes de la personalidad, y creo que para sus tiempos (principios de los 1900s) esto debió haber sido una causa muy común debido al temor que había principalmente en las mujeres de realizar actos relacionados con la sexualidad fuera del matrimonio.

Aunque me parece que lo más importante es destacar que cualquier tipo de sentimientos o emociones reprimidas o la negación de las mismas como la frustración, la inferioridad, el miedo, la tristeza, la furia, etcétera, pueden desencadenar todo tipo de conductas "anormales"

Otros científicos pensaron que el problema estaba en el cerebro y en su afán de comprobarlo llegaron a practicar actos monstruosos como la lobotomía y los choques eléctricos sin control.

Nótese que a lo largo del tiempo muchos han pretendido saber cuál es el origen de lo que se ha conocido como enfermedades mentales pero hasta hoy, parece que aun seguimos en el oscurantismo.

Sin lugar a duda se han logrado grandes avances en el conocimiento de ciertas funciones que realiza el cerebro pero creo que todavía falta mucho para comprender el intrincado funcionamiento de las redes que intervienen en la personalidad del individuo... Hablamos de la interacción de billones de neuronas y procesos químicos que se llevan a cabo a cada instante.

Parece como de ciencia ficción el hecho de que por allá en algún laboratorio estén desarrollando una píldora "mágica" que resolverá los problemas de tu vida... y lo digo así porque hasta hoy, nadie sabe cómo se origina el desbalance químico en la producción de hormonas en el cerebro, y hasta ahora se sabe que los "científicos" solamente han encontrado como ayudar al cerebro a seguir produciendo las hormonas en las cantidades adecuadas, sin que eso resuelve la causa... al igual que han hecho con ayudar al páncreas en la producción de insulina.

Pero insisto, que hoy se sepa, no han descubierto que o como se origina ese desbalance químico, motivo por lo que sus medicamentos no pueden "curar" la depresión, la bipolaridad o cualquier otro problema similar.

Muchos, han divulgado que esa "enfermedad" puede ser de origen genético, y probablemente lo sea, pero tampoco están seguros ni han encontrado la causa por la que un cromosoma en la cadena del "ADN" altere su función.

El Dr. Boris Cirulnik (Psicologo y Psiquiatra), Profesor en la Universidad de Tolon, Francia, autor de 36 libros, entre ellos "Psicoterapia de Dios", afirma que la probabilidad de que una enfermedad tenga origen genetico no rebasa ni siquiera el 5%.

Otros incluyendo al mencionado Dr Cirulnik, han dicho que el origen del problema es psicológico, y yo podría inclinarme más por pensar que esta puede ser la verdadera razón de la enfermedad, pues es cierto que los estímulos externos generan pensamientos y los pensamientos emociones que el cerebro detecta e interpreta ante cualquier evento, y si este evento es negativo el cerebro puede emitir instrucciones que alteren el correcto funcionamiento de las glándulas encargadas de la producción de hormonas o cualquier otro elemento químico.

Sin embargo, no hay que perder de vista que generalmente esos estímulos externos son producidos por el entorno sociocultural del individuo, lo que puede convertir un problema social en un problema de salud.

Laura Llorens,
(https://psicologiaymente.com/psicologia/bloqueo-mental)

Trabajadora Social, Diplomada en Trabajo Social y con un posgrado en Ciencias Forenses para Trabajadores Sociales. Actualmente trabaja en un museo de ciencias. Es una apasionada del cerebro a nivel biológico y psicológico; desarrolló el artículo siguiente:

En palabras del psiquiatra Manuel Escudero, el bloqueo mental se define como:

*"**Una interrupción de un proceso cerebral** que no nos permite iniciar o terminar alguna actividad o situación. Este fenómeno se puede considerar como la imposibilidad de seguir una línea de pensamiento que afecta a nuestras conductas, merma nuestra eficacia y limita nuestro potencial para conseguir nuestro objetivo final."*

El bloqueo mental no es ni bueno ni malo. En el mundo de la psicología no se habla de blancos y negros, hay que moverse más por los matices.

En el caso de los bloqueos mentales, si nos ceñimos a la definición, hablamos de un mecanismo de defensa cuyo objetivo se centra en protegernos de una situación que nos supera. Por lo tanto es algo que nos protege, es bueno para nosotros y existe por una razón...

*Pero como tantas cosas, lo bueno en exceso puede ser peligroso, y estos mecanismos no son una excepción. El problema llega cuando se usan excesivamente o en momentos en que no sólo no son necesarios, sino que dificultan nuestra salida **de una situación relativamente fácil que alargamos sin querer**.*

***El bloqueo tiene un origen multi-causal**: experiencias traumáticas, falta de autoestima, ansiedad, depresión, falta de confianza o de conocimientos...*

Todo ello deriva en una falta de respuesta ante alguna situación, lo cual desemboca a su vez en más ansiedad, frustración, y estrés.

*A nivel cerebral, una Universidad de Canadá realizó un estudio donde mostraron cómo las hormonas que se liberan en situación de estrés **afectan a las regiones cerebrales relacionadas con la memoria y orientación espacial**, e influyen en el desequilibrio de los neurotransmisores.*

DEPRESIÓN *condenada*

Este hecho, a la vez, influye en los momentos en los que sentimos que nos quedamos en blanco y no podemos recordar ideas significativas u objetivos a perseguir.

A la vez, el hecho de notarnos vulnerables y sin saber qué hacer lleva a que nos sintamos más ansiosos, lo cual a su vez alimenta el bloqueo mental, etc. Se crea un bucle de indecisión que a veces cuesta romper.

TEMA 11

Estadisticas

La Organización Mundial de la Salud "OMS" dice:

Se calcula que aproximadamente el 20% de los niños y adolescentes del mundo tienen trastornos o problemas mentales y que cerca de la mitad de los trastornos mentales se manifiestan antes de los 14 años.

En todas las culturas se observan tipos de trastornos similares.

Los trastornos neuro-psiquiátricos figuran entre las principales causas de discapacidad entre los jóvenes.

Sin embargo, las regiones del mundo con los porcentajes más altos de población menor de 19 años son las que disponen de menos recursos de salud mental.

La mayoría de los países de ingresos bajos y medios cuenta con un solo psiquiatra infantil por cada millón a cuatro millones de personas.

Cada año se suicidan más de 800 000 personas, y el suicidio es la segunda causa de muerte en el grupo de 15 a 29 años de edad.

Hay indicios de que por cada adulto que se suicida hay más de 20 que lo intentan. El 75% de los suicidios tienen lugar en países de ingresos bajos y medios.

Los trastornos mentales y el consumo nocivo de alcohol contribuyen a muchos suicidios.

La identificación precoz y el tratamiento eficaz son fundamentales para garantizar que estas personas reciben la atención que necesitan.

La ignorancia y la estigmatización que rodean a las enfermedades mentales están muy extendidas.

Pese a disponer de tratamientos eficaces, existe la creencia de que no es posible tratar los trastornos mentales, o de que las personas que los padecen son difíciles, poco inteligentes o incapaces de tomar decisiones.

Esa estigmatización puede dar lugar a malos tratos, rechazo y aislamiento, y privar a las personas afectadas de atención médica y apoyo.

Dentro del sistema de salud, es muy frecuente que esas personas reciban tratamiento en instituciones que se parecen más a almacenes humanos, que a lugares para curarse.

Mario F Salazar

National Allience on Mental Illness (NAMI) "Alianza Nacional contra las Enfermedades Mentales"

<u>Prevalencia de enfermedades mentales:</u>

- Aproximadamente 1 de cada 5 adultos en los Estados Unidos (46,6 millones) experimenta enfermedades mentales en un año determinado.
- Aproximadamente 1 de cada 25 adultos en los Estados Unidos (11,2 millones) experimenta una enfermedad mental grave en un año determinado que interfiere sustancialmente con o limita una o más actividades importantes de la vida.
- Aproximadamente 1 de cada 5 jóvenes de 13 a 18 años (21,4%) experimenta un trastorno mental grave en algún momento de su vida. Para los niños de 8 a 15 años, la estimación es del 13%.
- 1.1% de los adultos en los Estados Unidos viven con esquizofrenia.
- El 2,6% de los adultos en los Estados Unidos viven con trastorno bipolar.• El 6,9% de los adultos en los Estados Unidos —16 millones— tuvieron al menos un episodio depresivo importante en el último año.
- El 18,1% de los adultos en los Estados Unidos experimentaron un trastorno de ansiedad como trastorno de estrés

postraumático, trastorno obsesivo compulsivo y fobias específicas.

• Entre los 20,2 millones de adultos en los Estados Unidos que experimentaron un trastorno por consumo de sustancias, el 50,5%—10,2 millones de adultos— tenían una enfermedad mental co-ocurrente.

Estatus Social:

• Se estima que el 26% de los adultos sin hogar que permanecen en refugios viven con enfermedades mentales graves y se estima que el 46% vive con enfermedades mentales graves y/o trastornos por consumo de sustancias.

• Aproximadamente el 20% de los presos estatales y el 21% de los presos locales tienen "una historia reciente" de una condición de salud mental.

• El 70% de los jóvenes en los sistemas de justicia juvenil tienen al menos una condición de salud mental y al menos el 20% viven con una enfermedad mental grave.

• Sólo el 41% de los adultos en los Estados Unidos con una condición de salud mental recibieron servicios de salud mental en el último año.

Entre los adultos con una enfermedad mental grave, el 62,9% recibió servicios de salud mental el año pasado.

• Poco más de la mitad (50,6%) de niños con una condición de salud mental de 8 a 15 años que recibieron servicios de salud mental en el año anterior.

• Los afroamericanos e hispanoamericanos utilizan cada uno servicios de salud mental a aproximadamente la mitad de la tasa de los estadounidenses caucásicos y los asiáticos americanos en aproximadamente un tercio de la tasa.

• La mitad de todas las enfermedades mentales crónicas comienzan a los 14 años; tres cuartas partes a los 24 años. A pesar del tratamiento eficaz, hay largos retrasos (a veces décadas) entre la primera aparición de los síntomas y cuando las personas reciben ayuda.

Consecuencias de la falta de tratamiento:

•Enfermedad mental grave le cuesta a Estados Unidos $193.2 mil millones en ganancias perdidas por año.

• Los trastornos del estado de ánimo, como la depresión mayor, el trastorno disticémico y el trastorno bipolar, son la tercera causa más común de hospitalización en los Estados Unidos tanto para jóvenes como para adultos de 18 a 44 años.

• Las personas que viven con enfermedades mentales graves enfrentan un mayor riesgo de tener enfermedades crónicas. Los adultos en los Estados Unidos que viven con una enfermedad mental grave mueren en promedio 25 años antes que otros, en gran parte debido a condiciones médicas tratables.

• Más de un tercio (37%) de estudiantes con una condición de salud mental de 14 a 21 años y mayores que son atendidos por abandono de la educación especial, la tasa de deserción más alta de cualquier grupo de discapacidad.

• El suicidio es la décima causa de muerte en los Estados Unidos, y la segunda causa de muerte para las personas de 10 a 34 años.

• Más del 90% de las personas que mueren por suicidio muestran síntomas de una condición de salud mental.

• Cada día mueren por suicidio entre 18 y 22 veteranos.

TEMA 12

El principio del cambio

Para comenzar un cambio, hay que saber quiénes somos y quiénes queremos llegar a ser, y después tener un plan para logarlo.

Para los fines de este trabajo, saber quiénes somos significa tener conciencia de que algo está mal en nosotros, y saber quiénes queremos llegar a ser significa tener el deseo de estar bien, de ser "normal".

Como ya de alguna manera se ha comentado, para entender quienes queremos llegar a ser, necesitamos conocer los estándares contra los que podamos medirnos y para tales efectos tomaremos como base **la biblia** cuya palabra aceptamos como la Ley y la voluntad de Dios.

¿Porque la Biblia?
Independientemente de que la Biblia:
- Fue escrita por 40 personas como tú y yo
- Inspirada por Dios
- Sea un libro histórico
- Presente contradicciones
- Sea incongruente

- Contenga violencia
- Sacrificios
- Romances
- Poesías
- Etcétera.

La Biblia está llena de sabiduría y puedes estar seguro(a) de que no fue escrita por chicos adolescentes sino por los hombres mayores que fueron testigos de la pervertida conducta de sus congéneres describiendo las consecuencias que resultaron desastrosas y sabiendo que de continuar así podrían acabar por extinguir a la humanidad.

La Biblia fue escrita para reflejar una fotografía de todos los tiempos, fue escrita para dejar el mensaje para la posteridad, con la finalidad de que el ser humano reflexione y sea capaz de enmendar sus errores.

Más adelante, en el tema de "Principios éticos y morales" podrás ver qué fue lo que se escribió y estoy seguro que comprenderás que si Dios lo hubiera escrito en persona, lo hubiera escrito como está, pues no es otra cosa más que el deseo de conservar su creación, protegernos de nosotros mismos y hacernos conocer la forma en que debemos comportarnos… para poder vivir en su reino.

Aunque como también he mencionado, para mí, hay más de un libro sagrado que podría guiar nuestro curso conforme a la voluntad de Dios independientemente del nombre con el que otros lo llamen.

Por lo tanto, enseguida comenzaremos por ver cuáles son los fundamentos de la "ley" de Dios…

TEMA 12,1
La teologia

Seguramente todos en algún momento de nuestras vidas nos hemos cuestionado de dónde venimos, como llegamos y cuál es nuestro propósito.

Y esta pregunta ha sido contestada a través de la Biblia y de otros libros "sagrados" o científicos; las respuestas que se han dado, para muchos han sido indiscutibles, pero para muchos otros han sido cuestionables.

Ahora bien, todos tenemos el derecho de elevar nuestra voz y manifestar nuestro acuerdo o desacuerdo y en este caso sería muy recomendable que antes de rechazar lo que la Biblia nos enseña, te preguntes si tú conoces o podrías tener una mejor opción que ofrecer para que todo el mundo pueda vivir en armonía y si además estarías comprometido a propagar tus fundamentos para ponerlos al alcance de cualquiera que lo necesite.

La Biblia nos platica sobre la creación del universo entero y nos enseña que Dios nos creó a su imagen y semejanza y nos guste o no, no hay forma de refutarlo, pues aunque existen múltiples versiones… ninguna ha sido validada y aceptada universalmente.
Además si no entendemos el concepto de la Fe, más difícil nos será comprender el divino mensaje.

Luego entonces, por la Biblia sabemos que Dios es perfecto como perfecta es su creación y tal como lo mencioné en mi libro "Un Nuevo Dios" la creación implica arte y el propósito del artista es que su creación sea conocida, permanezca y trascienda con el fin de que alguien la vea, la entienda, la aprecie y la disfrute.

Y si Dios nos creo perfectos eso quiere decir que:

1. Nacimos sanos de cuerpo y mente

   (El filosofo John Locke en la época de la Roma Antigua a través de su teoría epistemológica de la **"tabula rasa"** estableció que al nacer el ser humano viene con la mente en blanco es decir está limpia, y yo agregaría; excepto por la información básica de sobrevivencia, asintiendo con la teoría del **"inanitismo"** que sostiene que la mente nace con conocimientos)

2. Fuimos creados tal como somos, y todos valemos lo mismo y somos iguales

3. Merecemos ser amados y respetados

4. Somos capaces de lograr cualquier cosa
5. Tenemos inteligencia, imaginación, creatividad y sabemos discernir

6. Todos podemos y merecemos vivir en paz
De modo que si así fuimos creados por Dios, entonces nuestra mente se pregunta ¿porque muchos no estamos contentos, porque sufrimos, porque nos enfermamos, porque somos pobres? Y por estas y muchas dudas más nos rebelamos, nos sentimos engañados, burlados y en ocasiones hasta resentidos con Dios.

Sin embargo no hay que olvidar que aunque Dios es y significa todo lo bueno, y que si hay luz, también hay oscuridad y que también existe "Satán" que es el príncipe de este mundo, el enemigo, el adversario, lo contrario de Dios.

Por eso la Biblia nos previene de las artimañas de las que puede valerse Satanás para apartarnos de Dios, es decir camino del bien.

Así sucedió desde el principio de la creación cuando Eva fue "tentada" por Satanás en forma de serpiente y no perdamos de vista que hoy ante nosotros puede tomar cualquier otra forma, incluso la del Dios que no conocemos y que solo hemos imaginado (Juan 1: 18 "A Dios nadie le ha visto jamás: el Hijo único, que está en el seno del padre, el lo ha contado") y nosotros podemos no notarlo a menos que estemos debidamente preparados con el conocimiento de la palabra de Dios.

De modo, que así es como se explica el porqué todos hemos pecado, es decir, hemos fallado en seguir la voluntad de Dios... porque Eva y Adán fueron debiles y eso es lo que enseñaron a sus descendientes y desde entonces todos de alguna o de otra manera fallamos, siempre fallamos porque la curiosidad y la tentacion forman parte de nuestra naturaleza (Gen 8: 21 "... porque el intento del corazón del hombre es malo desde su juventud... o, porque las trazas del corazón humano son malas desde su niñez..."las palabras pueden variar dependiendo de la versión de la biblia que se consulte, pero algo muy importante aquí, es entender que el corazón en principio contiene toda la buena voluntad de Dios y que después se puede convertir en un corazón equivocado por la influencia del que engaña)

Por esta razón es que los seres humanos hemos cometido toda clase de errores en nuestras vidas y esos errores han tenido consecuencias que nos hacen sentir culpables o resentidos y de ahí se ha desprendido la vergüenza, la venganza y el odio que no nos han traído más que desgracia y sufrimiento.

Y a pesar de todo, Dios nos da la oportunidad de "regresar al camino del bien" volviendo a nacer y renovando nuestra mente... confiando que solo en EL podemos confiar y encontrar la paz, y eso podemos hacerlo a través de nuestro discernimiento, pues en la medida en que vamos creciendo, hemos aprendido a distinguir entre "el bien" y "el mal"… pero por alguna razón y sin darnos cuenta muchas veces elegimos "el mal" pretendiendo que hemos hecho las decisiones que mejor convenían, olvidándonos que no somos nosotros quienes debemos decidir lo que es bueno o malo sino solo la voluntad de Dios que ya está escrita.

Me gustaría mucho que se entendiera que no todas nuestras malas decisiones se deben adjudicar directamente a nosotros mismos puesto que solo somos una réplica de nuestros antepasados, es decir, cada uno de nosotros ha aprendido los conceptos del bien y del mal conforme a lo que nuestros padres y personas cercanas nos han enseñado y cada vez que tenemos que tomar una decisión lo hacemos solo con la única información que disponemos y en ese justo momento donde pudimos haber tomado una decision impulsivamente, no alcanzamos a darnos cuenta si hicimos bien o hicimos mal ya que al fin y al cabo nuestra confianza partió con lo que nos fue enseñado por quienes nunca nos engañarían o nos aconsejarían algo que pudiera lastimarnos… nuestros padres.

Hay que estar conscientes de que en muchos casos, nuestros antepasados no tuvieron la oportunidad de una educación superior y casi casi, algunos de ellos solo aprendieron la educación básica de leer y escribir, y en otros casos ni siquiera eso… lo que quiere decir que mucho de lo que aprendieron fue de lo que escucharon y ya todos conocemos el efecto del "juego del teléfono".

Por lo tanto, ha llegado el momento de comenzar a preguntarnos qué tan confiable es el conocimiento que hemos adquirido ya que con esa información analizamos, evaluamos y percibimos la vida, y el qué y el cómo deben ser las cosas y principalmente el cómo nos percibimos a nosotros mismos.

Esa información ("implantes mentales") equivocada, incorrecta o incompleta puede influir negativamente en todos los aspectos de nuestra vida, en nuestro trabajo, en nuestra salud, en nuestras relaciones sociales con amigos y familiares, ya que todos tenemos información básica similar y al mismo tiempo todos tenemos información muy propia y característica, que muchas veces al confrontarla con los otros, caemos en desacuerdos y peleamos y como consecuencia pueden sobrevenir las enfermedades físicas, emocionales o sociales

TEMA 12.2

Principios eticos y morales.

La palabra de Dios -La Ley- se comenzó a escribir desde aproximadamente el año 1,500 A. C. hasta aproximadamente finales del año 100 D. C., o sea que hoy en nuestros días la biblia en conjunto tiene una antigüedad de 3,500 años más o menos.

A lo largo de ese periodo, el hombre fue escribiendo lo que Dios quería que todos supiéramos... entre otras cosas, historias interesantes, emocionantes y conmovedoras, hazañas, traiciones, sacrificio, sufrimiento, profecías, poesía, muerte, esperanza, sabiduría, arrepentimiento, perdón y cambio, etcétera.

Dentro de estos libros, podemos encontrar lo que debería ser considerado como el estándar de lo **"normal"** y cuáles han sido las causas que nos han llevado a la **"anormalidad"**... pero también podemos encontrar como volver a empezar para regresar al punto de partida, es decir, a la "normalidad"

Los seres humanos nos hemos llegado a cuestionar, ¿cómo debo comportarme conmigo y con los demás? y ¿como ellos deberían comportarse conmigo?…

Mas de las veces creemos estar convencidos de que nosotros si sabemos cómo debería de ser y en el intento de protegernos y buscar nuestra seguridad decimos que los otros no hacen lo correcto y que por eso mismo nos hacen fallar.

Si todos nos comportáramos como la Biblia lo prevé, viviríamos en el paraíso, pero siempre ha sido muy difícil que todos aceptemos las verdades de otros, por eso, quienes somos Cristianos por fe o por convicción y estamos dispuestos a vivir conforme a la voluntad de Dios, debemos conocer los elementos que nos ayudarían a saber que está bien y que está mal, es decir, cuál sería la actitud o la conducta adecuada que todos deberíamos seguir para vivir en armonía.

Tal vez sería suficiente con el último mandamiento de Jesús:

Juan 13: 34 Este mandamiento nuevo les doy: que se amen los unos a los otros. Así   como yo los he amado, también ustedes deben amarse los unos a los otros.

Sin embargo, y a pesar de que con este mandamiento podría ser suficiente para que todos viviéramos en armonía, no es así, pues la realidad es que hoy en nuestros días cada uno de nosotros buscamos estar a salvo cueste lo que cueste sin importar que los demás puedan salvarse.

Lo más probable es que debido a que muchos creen que para disfrutar el reino de Dios y vivir la vida eterna, es suficiente con ser "salvos" por la gracia de Dios, y ya no se preocupan por continuar siendo cristianos, o lo son a su manera… se han olvidado del verdadero significado de ser cristiano, y no se dan cuenta que al dejar de serlo siguen incurriendo en faltas que rompen la armonía y traen como consecuencia desastres y desgracias.

O ignoran o no les importa cumplir correctamente con la voluntad de Dios, hacen a un lado el hecho de que **La fe sin obras es muerta** .

Pablo escribió en
2 Corintios 5:17, "De modo que si alguno está en Cristo, nueva criatura **es**; las cosas viejas pasaron; he aquí todas son hechas nuevas" y

Santiago 2: 14-26 dice: "Y **es** que si a nosotros acude un hermano que está desnudo o hambriento, y nosotros le negamos la ropa o el alimento y nos limitamos a ofrecerle buenas palabras, entonces nuestra **fe** se encuentra **muerta**".

Por eso, resulta indispensable recordar cuál es la conducta que todos deberíamos seguir para considerarnos "normales", "cristianos", y vivir en armonía.

La biblia dice en 2 Timoteo 3: 16 – 17

16 Toda Escritura es inspirada por Dios y útil para enseñar, para reprender, para corregir, para instruir en justicia, **17** a fin de que el hombre de Dios sea perfecto, equipado para toda buena obra.

De modo que para conocer lo correcto, hay que conocer y recordar la palabra de Dios… "La Ley"

TEMA 12.3
10 Mandamientos

Éxodo 20: 3- 17

I.   3 No tengas otros dioses además de mí.

II. 4 No te hagas ningún ídolo, ni nada que guarde semejanza con lo que hay arriba en el cielo… 5 No te inclines delante de ellos ni los adores. Yo, el Señor tu Dios, soy un Dios celoso… 6… cuando me aman y cumplen mis mandamientos, les muestro mi amor por mil generaciones.

III. 7 No uses el nombre del Señor tu Dios en falso.

IV. 8 Acuérdate del sábado, para consagrarlo. 9 Trabaja seis días, y haz en ellos todo lo que tengas que hacer, 10 pero el día séptimo será un día de reposo para honrar al Señor tu Dios… 11 Acuérdate de que en seis días hizo el Señor los cielos y la tierra, el mar y todo lo que hay en ellos, y que descansó el séptimo día. Por eso el Señor bendijo y consagró el día de reposo

V.   12 Honra a tu padre y a tu madre…

VI.   13 No mates.

VII.   14 No cometas adulterio.

VIII.   15 No robes.

IX.   16 No des falso testimonio en contra de tu prójimo.

X.   17 No codicies la casa de tu prójimo: No codicies su esposa, ni su esclavo, ni su esclava, ni su buey, ni su burro, ni nada que le pertenezca.

TEMA 12.4
7 Pecados capitales

La biblia no clasifica como tales a los 7 pecados capitales, que de hecho antes eran 8 y se llamaban "tentaciones del alma" (el 8º era la Desesperanza porque suponía creer que Dios no era suficiente…)

Sin embargo, hay muchos autores que han explicado al respecto y uno de ellos es Francisco Mario Morales quien compartió en internet (Fuente: Catholic.net):

"Contra estos 7 vicios o pecados capitales hay 7 virtudes que alaba la misma Escritura"

SOBERBIA. - (Sir*. 10, 12-18; Prov. 26, 12; Dn. 3, 1 - 6)
* El libro Sir=Sirach o Eclesiástico forma parte de los deuteronomicos o apócrifos y se localiza en la biblia católica.

Es una estima desordenada de sí mismo, que hace que se considere uno superior a los demás y quiera elevarse por encima de ellos.

El primer pecado de soberbia, lo cometió el demonio cuando se rebeló contra Dios. Los efectos de la soberbia son: 1º el orgullo procura hacer ostentación de las cualidades que cree uno

tener, 2º se cree capaz de todo, y esta es la presunción; 3º se quiere aparecer mejor de lo que es, y desprecia a sus iguales o a sus inferiores.
La virtud opuesta a la Soberbia es la **Humildad** (Efe. 4, 2 – 4)

AVARICIA. (Mt. 6, 19 -21; Sir. 31, 1 – 4; Sirac. 13, 20 - 26)
Es un amor excesivo por los bienes materiales y principalmente por el dinero.

Se reconoce que se estiman los bienes materiales con exceso, cuando sin importar los medios ilícitos se está dispuesto a adquirirlos, conservarlos y aumentarlos. La avaricia es un gran pecado; San Pablo la llama una idolatría y   declara que los avaros no entrarán en el Reino de los cielos. La avaricia nos hace duros con los pobres, indiferentes a los bienes del cielo, y hasta nos incita a veces a apoderarnos de los bienes ajenos. La virtud opuesta a la Avaricia es la **Bondad** (Gl. 5, 22 – 24)

LUJURIA.- (1 Cor. 6, 9 – 11; Rom. 13, 13; Rom. 1, 18 – 32; Lev. 18. 1 – 23; Gal. 5, 19 - 26)
Adicción, depravación, perversión, desviaciones y pasiones vergonzosas

Es el vicio vergonzoso de la impureza prohibida por el sexto y noveno   mandamiento.

La lujuria nos hace aborrecer nuestros deberes religiosos; ciega el espíritu, endurece el corazón, perjudica la salud y las más bellas cualidades del alma.

Se pierde la capacidad de amar y se ve a los demás como objetos desechables (úsese y deséchese), y la pasión se confunde como amor.

La castidad significa la integración de la sexualidad en la persona y, por ello, en la unidad interior del hombre, en su ser corporal y espiritual.

Forma parte de la virtud cardinal de la templanza, que tiende a impregnar de racionalidad las pasiones y los apetitos de sensibilidad humana. Entre los pecados gravemente contrarios a la castidad se deben citar: la masturbación, la fornicación, la pornografía y la homosexualidad. (Síntesis del Nuevo Catecismo 345, 346) *La* virtud opuesta a la Lujuria es la **Castidad** (1 Cor. 6, 9)

¿Qué es la castidad? castidad, no es otra cosa sino el dominio de la sexualidad por la razón para aprender a respetarse a sí mismo y a los demás

IRA.- (Ecle. 7, 9; Col. 3, 5 – 9; Gn. 4, 8)
La Ira es un movimiento desordenado del alma que nos impulsa a rechazar con violencia lo que nos desagrada.

Las causas ordinarias de la ira son: la soberbia y el apego obstinado a las propias ideas. La ira nos induce a blasfemar del Santo nombre de Dios, vengarnos del prójimo, injuriar, lastimar, herir y en ocasiones hasta dar muerte. Matar no sólo es quitar la vida, es atentar contra la dignidad, la honra y el honor.

Cuando Dios nos manda No Matar, nos prohíbe dañar la vida corporal o espiritual tanto la propia como la de nuestro prójimo.

Este pecado atenta también contra el 5º. mandamiento. Consultemos los que nos dice Santiago sobre un arma mortal (Sgo. 3, 1 – 12) La virtud opuesta a la Ira es la **Paciencia** (2 Tm. 3, 10)

GULA.- (Sir. 37, 29 – 31; Rom. 13, 13)
Es una afición desordenada a beber y comer.
Dicha afición es desordenada cuando se come o se bebe con exceso o por el sólo placer de satisfacer la sensualidad. La gula es un pecado; San Pablo compara a los que se entregan a ella como idolatras, y dice que hacen de su vientre un Dios. La virtud opuesta a la gula es la **Moderación** (2 Ped. 1, 5-8)

ENVIDIA. - (Sir. 13, 25 – 26; 14, 9 -19; Gn. 3, 1 – 24)
La envidia es una tristeza que se siente a la vista del bien ajeno o una alegría culpable por el mal del prójimo.

La envidia es un gran pecado, porque: 1º se opone directamente al amor del prójimo 2º hace, al que es esclavo de ella, semejante al demonio, porque, por la envidia busca ahora los medios de hacer daño. La envidia es un tormento y un suplicio continuos, roe y devora el corazón.

La envidia engendra gran número de pecados; las sospechas injustas, las calumnias, maledicencias, discordias, odio y hasta homicidio. La virtud opuesta a la envidia es la **Caridad** (1 Cr. 9, 24 – 27) fraterna que hace tomar las preocupaciones y las alegrías del prójimo como propias. El amor al prójimo (1 Cor. 13, 1 – 13).

PEREZA. - (Prov. 6, 9 – 19)
Es una afición excesiva al descanso, en negligencia, descuido de nuestros deberes para   no imponernos ningún esfuerzo.

Hay dos clases de pereza: 1º la espiritual, que nos induce a ser apáticos e indiferentes de nuestros deberes religiosos; 2º la temporal, que nos induce a no reconocer y aceptar los deberes de nuestro propio estado.

Es la madre de todos los vicios: Engendra principalmente la ociosidad y la pérdida de tiempo, origen de la ignorancia y de la incapacidad; produce inconstancia y la inutilidad de la vida. La virtud opuesta a la Pereza es la **Diligencia** (Prov. 6, 6 – 12) que nos impulsa a cumplir todos nuestros deberes con exactitud y entusiasmo.

TEMA 12.5
Otros mandamientos

1 Corintios 1: 10-11

10 … que todos os pongáis de acuerdo, y que no haya divisiones entre vosotros, sino que estéis enteramente unidos en un mismo sentir y en un mismo parecer. **11…**

1 Corintios 5: 1-2

1 En efecto, se oye que entre vosotros hay inmoralidad, … al extremo de que alguno tiene la mujer de su padre. **2** Y os habéis vuelto arrogantes

1 Corintios 5: 9-11

9 … que no anduvierais en compañía de personas inmorales; **10** no me refería … a los avaros y estafadores, o a los idólatras, … **11** … escribí que no anduvierais en compañía de … una persona inmoral, o avaro, o idólatra, o difamador, o borracho, o estafador; con ése, ni siquiera comáis.

1 Corintios 6: 9-10

9 … ni los inmorales, ni los idólatras, ni los adúlteros, ni los afeminados, ni los homosexuales, **10** ni los ladrones, ni los avaros, ni los borrachos, ni los difamadores, ni los estafadores heredarán el reino de Dios.

1 Corintios 6: 12-13

12Todas las cosas me son lícitas, ... **13** ... Sin embargo, el cuerpo no es para la fornicación, sino para el Señor, y el Señor es para el cuerpo.

1 Corintios 6: 18-19

18 Huid de la fornicación. Todos los demás pecados que un hombre comete están fuera del cuerpo, pero el fornicario peca contra su propio cuerpo. **19** ¿O no sabéis que vuestro cuerpo es templo del Espíritu Santo, que está en vosotros, el cual tenéis de Dios, y que no sois vuestros?

1 Corintios 7: 1-5

1 ..., bueno es para el hombre no tocar mujer. **2** ... por razón de las inmoralidades, que cada uno tenga su propia mujer, y cada una tenga su propio marido. **3** Que el marido cumpla su deber para con su mujer, e igualmente la mujer lo cumpla con el marido. **4** La mujer no tiene autoridad sobre su propio cuerpo, sino el marido. Y asimismo el marido no tiene autoridad sobre su propio cuerpo, sino la mujer. **5** No os privéis el uno del otro, excepto de común acuerdo y por cierto tiempo, a fin de que Satanás no os tiente por causa de vuestra falta de dominio propio.

1 Corintios 10: 13

13...Dios, que no permitirá que vosotros seáis tentados más allá de lo que podéis soportar, sino que con la tentación proveerá también la vía de escape, a fin de que podáis resistirla.

1 Corintios 10: 23-24

23 Todo es lícito, pero no todo es de provecho. … **24** Nadie busque su propio bien, sino el de su prójimo.

1 Corintios 10: 32-33

32 No seáis motivo de tropiezo ni a judíos, ni a griegos, ni a la iglesia de Dios;   **33**….

1 Corintios 11: 29-30

29 Porque el que come y bebe sin discernir correctamente el cuerpo del Señor, come y bebe juicio para sí. **30** Por esta razón hay muchos débiles y enfermos entre vosotros, y muchos duermen.

1 Corintios 13: 29-30

4 El amor es paciente, es bondadoso; el amor no tiene envidia; el amor no es jactancioso, no es arrogante; **5** no se porta indecorosamente; no busca lo suyo, no se irrita, no toma en cuenta el mal recibido; **6** no se regocija de la injusticia, sino que se   alegra con la verdad; **7** todo lo sufre, todo lo cree, todo lo espera, todo lo soporta.

1 Corintios 13: 11-13

11…cuando llegué a ser hombre, dejé las cosas de niño. **12**…ahora vemos por un espejo, veladamente, … **13** Y ahora permanecen la fe, la esperanza y el amor, estos   tres; pero el mayor de ellos es el amor.

1 Corintios 15: 33-34

33 No os dejéis engañar: Las malas compañías corrompen las buenas costumbres. **34** Sed sobrios, como conviene, y dejad de pecar; porque algunos no tienen conocimiento de Dios. Para vergüenza vuestra lo digo.

2 Corintios 2: 5-11

5 Si alguno ha causado tristeza,… se la ha causado a todos ustedes. **6**… **7**… debieran perdonarlo y consolarlo para que no sea consumido por la excesiva tristeza. **8**… reafirmen su amor hacia él. **9**… para ver si pasan la prueba de la completa obediencia. **10** A quien ustedes perdonen, yo también lo perdono. De hecho, si había algo que perdonar, lo he perdonado por consideración a ustedes en presencia de Cristo, **11** para que Satanás no se aproveche de nosotros, pues no ignoramos sus artimañas.

2 Corintios 4: 2-4

2… hemos renunciado a todo lo vergonzoso que se hace a escondidas; no actuamos con engaño ni torcemos la palabra de Dios. Al contrario,… **3**… **4** El Dios de este mundo (**Satanás**) ha cegado la mente de estos incrédulos, para que no vean la luz del glorioso evangelio de Cristo, el cual es la imagen de Dios.

2 Corintios 9: 6-9

6… El que siembra escasamente, escasamente cosechará, y el que siembra en abundancia,en abundancia cosechará. **7** Cada uno debe dar según lo que haya decidido en su corazón, no de mala gana ni por obligación, porque Dios ama al que da con alegría. **8** Y Dios puede hacer que toda gracia abunde para ustedes, … **9** Como está escrito: «Repartió sus bienes entre los pobres; su justicia permanece para siempre».

Gálatas 5: 14-26

14… toda la ley se resume en un solo mandamiento: Ama a tu prójimo como a ti mismo. **15** Pero, si siguen mordiéndose y devorándose, tengan cuidado, no sea que acaben por destruirse unos a otros. **16**… Vivan por el Espíritu, y no seguirán los deseos de la naturaleza pecaminosa. **17** Porque esta desea lo que es contrario al Espíritu, y el Espíritu desea lo que es contrario a ella. Los dos se oponen entre sí, de modo que ustedes no pueden hacer lo que quieren. **18** Pero, si los guía el Espíritu, no están bajo la ley. **19** Las obras de la naturaleza pecaminosa se conocen bien: inmoralidad sexual, impureza y libertinaje; **20** idolatría y brujería; odio, discordia, celos, arrebatos de ira, rivalidades, disensiones,sectarismos **21** yenvidia;borracheras, orgías, y otras cosas parecidas. Les advierto ahora, como antes lo hice, que los que practican tales cosas no heredarán el reino de Dios. **22** En cambio, el fruto del Espíritu es amor, alegría, paz, paciencia, amabilidad, bondad, fidelidad, **23** humildad y dominio propio. No hay ley que condene estas cosas. **24** Los que son de Cristo Jesús han crucificado la naturaleza pecaminosa, con sus pasiones y deseos. **25** Si el Espíritu nos da vida, andemos guiados por el   Espíritu. **26** No dejemos que la vanidad nos lleve a irritarnos y a envidiarnos unos a otros.

Gálatas 6: 1-5

1… si alguien es sorprendido en pecado, ustedes que son espirituales deben restaurarlo con una actitud humilde. Pero cuídese cada uno, porque también puede ser tentado. **2** Ayúdense unos a otros a llevar sus cargas,… **3** Si alguien cree ser algo, cuando en realidad no es nada, se engaña a sí mismo. **4** Cada cual examine su propia conducta; y, si tiene algo de qué presumir, que no se compare con nadie. **5** Que cada uno cargue con su propia responsabilidad.

Efesios 4: 25-32

25… dejando la mentira, hable cada uno a su prójimo con la verdad,… **26** Si se enojan, no pequen. No permitan que el enojo les dure hasta la puesta del sol, **27** ni den cabida al diablo. **28** El que robaba, que no robe más, sino que trabaje honradamente…. **29** Eviten toda conversación obscena… que sus palabras contribuyan a la necesaria edificación y sean de bendición para quienes escuchan   **30** No agravien al Espíritu Santo de Dios… **31** Abandonen toda amargura, ira y enojo, gritos y calumnias, y toda forma de malicia. **32** Más bien, sean bondadosos y compasivos unos con otros, y perdónense mutuamente, así como Dios los perdonó a   ustedes en Cristo.

Efesios 5: 3-5

3 Entre ustedes ni siquiera debe mencionarse la inmoralidad sexual, ni ninguna clase de impureza o de avaricia,... **4** Tampoco debe haber palabras indecentes, conversaciones necias ni chistes groseros,... **5**… nadie que sea avaro (es decir, idólatra), inmoral o impuro tendrá herencia en el reino de Cristo y de Dios.

Efesios 5: 11-14

11 No tengan nada que ver con las obras infructuosas de la oscuridad, sino más bien denúncienlas, **12** porque da vergüenza aun mencionar lo que los desobedientes hacen   en secreto. **13** Pero todo lo que la luz pone al descubierto se hace visible, **14** porque la luz es lo que hace que todo sea visible. Por eso se dice: Despiértate, tú que duermes, levántate de entre los muertos, y te alumbrará Cristo.

Efesios 5: 22-24

22 Esposas, sométanse a sus propios esposos como al Señor. **23** Porque el esposo es cabeza de su esposa,... **24** Así como la iglesia se somete a Cristo, también las esposas deben someterse a sus esposos en todo.

Efesios 5: 28-29
28 Así mismo el esposo debe amar a su esposa como a su propio cuerpo. El que ama a su esposa se ama a sí mismo, **29** pues nadie ha odiado jamás a su propio cuerpo; al contrario, lo alimenta y lo cuida, así como Cristo hace con la iglesia,

Efesios 6: 1-17
1… obedezcan en el Señor a sus padres,... **2** Honra a tu padre y a tu madre … **3** para que te vaya bien y disfrutes de una larga vida en la tierra. **4** Y ustedes, padres, no hagan enojar a sus hijos, sino críenlos según la disciplina e instrucción del Señor. **5** Esclavos, obedezcan a sus amos terrenales con respeto y temor, y con integridad de corazón... **6** No lo hagan solo cuando los estén mirando, como los que quieren ganarse el favor humano,... **7** Sirvan de buena gana, como quien sirve al Señor y no a los hombres, **8**… el Señor recompensará… por el bien que haya hecho, ...**9** Y ustedes, amos, correspondan a esta actitud… **10**... **11** Pónganse toda la armadura de Dios para que puedan hacer frente a las artimañas del diablo. **12** Porque nuestra lucha no es contra seres humanos, sino contra poderes, contra autoridades, contra potestades que dominan este mundo de tinieblas, contra fuerzas espirituales malignas en las regiones celestiales. **13**… **14** Manténganse firmes, ceñidos con el cinturón de la verdad, protegidos por

la   corazade justicia, **15** y calzados con la disposición de proclamar el evangelio de la paz. **16**…, tomen el escudo de la fe, con el cual pueden apagar todas las flechas encendidas del maligno. **17** Tomen el casco de la salvación y la espada del Espíritu, que es la palabra de Dios.

Colosenses 3: 5-10
5… hagan morir todo lo que es propio de la naturaleza terrenal: inmoralidad   sexual,
impureza, bajas pasiones, malos deseos y avaricia, la cual es   idolatría. **6**…. **7** Ustedes   las practicaron en otro tiempo, cuando vivían en ellas. **8** Pero ahora abandonen también todo esto: enojo,   ira,   malicia,   calumnia   y   lenguaje obsceno. **9** Dejen de mentirse unos a otros, ahora que se han quitado   el   ropaje   de   la   vieja naturaleza con sus vicios, **10**...

2 Tesalonicenses 3: 11-15
11… entre ustedes hay algunos que andan de vagos, sin trabajar en nada, y que solo se meten en lo que no les importa. **12** A tales personas les ordenamos y exhortamos   en   el   Señor   Jesucristo   que tranquilamente se pongan a trabajar para ganarse la vida. **13** Ustedes, hermanos, no se cansen de hacer el bien. **14** Si alguno no obedece las instrucciones que les damos en esta carta, denúncienlo públicamente y no se relacionen con él, para que se avergüence. **15** Sin   embargo, no lo

tengan por enemigo, sino amonéstenlo como a hermano.

Timoteo 1: 9-10

9... la ley no se ha instituido para los justos, sino para los desobedientes y rebeldes, para los impíos y pecadores, para los irreverentes y profanos. La ley es para los que maltratan a sus propios padres, para los asesinos, **10** para los adúlteros y los homosexuales, para los traficantes de esclavos, los embusteros y los que juran en falso. En fin, la ley es para todo lo que está en contra de la sana doctrina.

1 Timoteo 3: 1-16

1..., si alguno desea ser obispo,... **2**... el obispo debe ser intachable, esposo de una sola mujer, moderado, sensato, respetable, hospitalario, capaz de enseñar; **3** no debe ser borracho ni pendenciero, ni amigo del dinero, sino amable y apacible. **4** Debe gobernar bien su casa y hacer que sus hijos le obedezcan con el debido respeto; **5** porque el que no sabe gobernar su propia familia, ¿cómo podrá cuidar de la iglesia de Dios? **6** No debe ser un recién convertido, no sea que se vuelva presuntuoso y caiga en la misma condenación en que cayó el diablo. **7** Se requiere además que hablen bien de él los que no pertenecen a la iglesia, para que no caiga en descrédito y en la trampa del diablo. **8** Los diáconos, igualmente, deben ser honorables, sinceros, no amigos del mucho vino ni codiciosos de las ganancias mal habidas. **9** Deben guardar, con una conciencia limpia, las grandes verdades de la fe. **10** Que primero sean puestos a prueba, y después, si no hay nada que reprocharles, que sirvan como diáconos. **11** Así mismo, las esposas de los diáconos deben ser honorables, no calumniadoras, sino moderadas y dignas de toda confianza. **12** El diácono debe ser esposo de una sola mujer y gobernar bien a sus hijos y su propia casa. **13** Los que ejercen bien el diaconado se ganan un lugar de honor y adquieren mayor confianza para hablar de su fe en Cristo Jesús. **14**…, **15**… **16** No hay duda de que es grande el misterio de nuestra fe

1 Timoteo 5: 11-15

11… a las viudas más jóvenes,… cuando sus pasiones las alejan de Cristo, les da por casarse. **12** Así resultan culpables de faltar a su primer compromiso. **13** Además se acostumbran a estar ociosas y andar de casa en casa. Y no solo se vuelven holgazanas, sino también chismosas y entrometidas, hablando de lo que no deben. **14** Por eso exhorto a las viudas jóvenes a que se casen y tengan hijos, y a que lleven bien su hogar y no den lugar a las críticas del enemigo. **15** Y es que algunas ya se han descarriado para seguir a Satanás.

1 Timoteo 6: 7-10

7 Porque nada trajimos a este mundo, y nada podemos llevarnos. **8** Así que, si tenemos ropa y comida, contentémonos con eso. **9** Los que quieren enriquecerse caen en la tentación y se vuelven esclavos de sus muchos deseos. Estos afanes insensatos y dañinos hunden a la gente en la ruina y en la destrucción. **10** Porque el amor al dinero es la raíz de toda clase de males. Por codiciarlo, algunos se han desviado de la fe y se han causado muchísimos sinsabores.

1 Timoteo 6: 17-19
17 A los ricos de este mundo, mándales que no sean arrogantes ni pongan su esperanza en las riquezas,... **18** Mándales que hagan el bien, que sean ricos en buenas obras, y generosos, dispuestos a compartir lo que tienen. **19** De este modo atesorarán para sí un seguro caudal para el futuro y obtendrán la vida verdadera.

2 Timoteo 2: 22-26
22 Huye de las malas pasiones de la juventud, y esmérate en seguir la justicia, la fe, el amor y la paz, junto con los que invocan al Señor con un corazón limpio. **23** No tengas nada que ver con discusiones necias y sin sentido, pues ya sabes que terminan en pleitos. **24** Y un siervo del Señor no debe andar peleando; más bien, debe ser amable con todos, capaz de enseñar y no propenso a irritarse. **25** Así, humildemente, debe corregir a los adversarios, con la esperanza de que Dios les conceda el arrepentimiento para conocer la verdad, **26** de modo que se despierten y escapen de la trampa en que el diablo los tiene cautivos, sumisos a su voluntad.

2 Timoteo 3: 1-9

1… en los últimos días vendrán tiempos difíciles. **2** La gente estará llena de egoísmo y avaricia; serán jactanciosos, arrogantes, blasfemos, desobedientes a los padres, ingratos, impíos, **3** insensibles, implacables, calumniadores, libertinos, despiadados, enemigos de todo lo bueno, **4** traicioneros, impetuosos, vanidosos y más amigos del placer que de Dios. **5** Aparentarán ser piadosos, pero su conducta desmentirá el poder de la piedad. ¡Con esa gente ni te metas! **6** Así son los que van de casa en casa cautivando a mujeres débiles cargadas de pecados, que se dejan llevar de toda clase de pasiones. **7** Ellas siempre están aprendiendo, pero nunca logran conocer la verdad. **8** Del mismo modo que Janes y Jambres se opusieron a Moisés, también esa gente se opone a la verdad. Son personas de mente depravada, reprobadas en la fe. **9** Pero no llegarán muy lejos, porque todo el mundo se dará cuenta de su insensatez, como pasó con aquellos dos.

Tito 3: 1-3

1 Recuérdales a todos que deben mostrarse obedientes y sumisos ante los gobernantes y las autoridades. Siempre deben estar dispuestos a hacer lo bueno: **2** a no hablar mal de nadie, sino a buscar la paz y ser respetuosos, demostrando plena humildad en su trato con todo el mundo. **3** En otro tiempo también nosotros éramos necios y desobedientes. Estábamos descarriados y éramos esclavos de todo género de pasiones y placeres. Vivíamos en la malicia y en la envidia. Éramos detestables y nos odiábamos unos a otros.

Dentro de la biblia se pueden encontrar más preceptos que nos indican cual es la voluntad de Dios, pero con esto es más que suficiente para darnos cuenta y entender lo que debemos considerar como "correcto" lo cual siempre debería de ser equivalente a los estándares con lo que debemos compararnos para ser "normales".

Todo esto es considerado como "Ley Moral" y debemos cumplirla si anhelamos algún día tener un sitio en el cielo, sin embargo esta "ley" que debería ser conocida, aceptada y obedecida al menos por aquellos que declaran ser cristianos, no es observada por la mayoría de cristianos y no cristianos pues el "castigo" o la "pena" para ellos por incumplirla no representa "nada serio o realista"… pues los que quieren la cumplen en la medida que pueden y los que no quieren simplemente la ignoran… se atienen a la misericordia de Dios.

No obstante, la sociedad mundial quiere sentirse protegida y por ello surgieron las "leyes jurídicas" y las "leyes sociales".

Además de lo ya señalado, se pueden encontrar innumerables descripciones de lo que es "normal, correcto, adecuado, sensato o razonable" y quizás muchos otros sinónimos, sin embargo, hay ciertas situaciones en las que podría no resultar tan fácil determinar si es o no "normal",

por ejemplo:

- Es normal estudiar tantos años?
- Es normal casarse muy joven?
- Es normal vivir solo?
- Es normal que haya pobreza y hambre?
- Es normal pintar todo de azul?
- Es normal que los autos sean muy grandes?
- Es normal tener arboles frente a una casa?
- Es normal que un presidente tenga tanto poder?
- Es normal odiar a alguien que me ofendió?
- Etcétera.

Independientemente de que sea normal o no a primera vista, hay que tener presente que debemos utilizar nuestro más sano juicio para poder evaluar, y de ser necesario, consultar con alguien con experiencia y madurez, hay que doblegar al "ego" y dar paso a la humildad.

Hay mucho escrito al respecto y he notado que en todo el mundo hay diferentes criterios sobre lo que es "normal", ya sea de acuerdo con sus leyes o de acuerdo con sus religiones y creo que cualquiera de esas versiones podría aceptarse como verdadera… agregando que "lo normal" no solo se expresa en afirmaciones positivas o mandamientos directos, sino también con prohibiciones de lo que no se debe hacer.

Sin embargo, y a pesar de que la Biblia contiene historias trágicas y profecías de las que muchas de ellas no quisiéramos que se cumplieran, también contiene la sabiduría de los hombres inspirados por Dios nuestro creador y por eso debe ser el **estándar** para medir lo que es "normal".

Este debe ser nuestro punto de partida para que después de compararnos con honestidad sepamos a donde tendremos que llegar si queremos vivir en paz y armonía.

Lo que la Biblia describe y establece puede tener coincidencias con la religión y filosofía de otros pueblos y culturas, ya que su contenido incluye valores universales que nos hacen comunes a todos en particular el derecho a la vida.

Quienes pertenezcan a otras religiones o quienes afirmen no ser religiosos podrán o no aceptar lo que este libro propone, es decir, podrán explicar a su manera como se genera el sufrimiento y como se puede superar… y si desean, podrán también revisar otras fuentes de información, y donde por seguro encontraran gigantescas semejanzas de aspectos científicos o espirituales mencionados o explicados en este libro.

TEMA 13

La conexión de ciencia y fe

En apariencia, la ciencia no admite el poder de la fe y la fe no reconoce los logros y alcances de la ciencia.

En un momento dado podría decirse que ambas fuentes no necesitan la una de la otra pero, parece que las dos ignoran que ninguna seria de utilidad si no contaran con el poder de **"La mente"** que es la que conoce de ambas y puede producir resultados exitosos o desastrosos.

Los pilares de la ciencia han sido la observación y la metodología, mientras que para la fe lo han sido la historia y el misterio.

La fe es mucho más vieja que la ciencia y aunque esta ha ido por su propio camino, en muchos aspectos termina llegando al sitio de la fe...

Y aunque ya lo explique en su propio capitulo, aquí quiero mostrar otra vez en este cuadro sinóptico el significado, el alcance y la esencia de **"la mente"**

Vea cuadro en la siguiente pagina

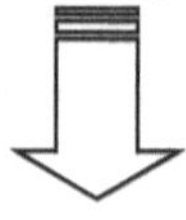

Alma:	La chispa divina, la energía que da vida.
Espíritu:	El "implante" en el corazón hecho por Dios conteniendo la información que guía nuestros actos y acciones de acuerdo con su voluntad **(Cuerpo Espiritual – Espiritu Santo)**
Mente:	La acción que se produce simultáneamente por la interacción del alma y del espíritu, haciendo decisiones que se materializan en pensamientos que a su vez provocan reacciones en el cerebro
Cerebro:	Parte física del cuerpo que sincroniza movimientos, acciones y reacciones de carácter fisico emocional o espiritual.

Luego entonces y por eso, el objetivo de este libro es: Ayudar a la gente que sufre física, emocional o socialmente, a encontrar la mejor forma de aliviar su pena, a recuperarse o que aprenda a sobrellevarla para vivir con dignidad y asimismo para que aprendan a lograr la mejor versión de sí mismos.

Este objetivo es de alguna manera el mismo que se han propuesto la ciencia y la fe, esta ultima a través de Dios, iglesia y religión.

Y lo mismo ha sido intentado por innumerables otras personas e instituciones.

Todos estamos intentando, todos quisiéramos lograrlo para bien de todos.

Las personas con enfermedades "mentales" y ciertas enfermedades físicas… al igual que los otros enfermos "los normales"… buscamos ayuda y queremos ser sanados.

Lo más seguro es que todos hemos recorrido el mismo camino para recuperar la salud; quizás después de haber aplicado las "recetas de la abuela" primero hemos ido al médico familiar y de allí pudimos buscar cualquier otro medio sin importar lo que fuere, con el único propósito de estar y sentirnos bien física y emocionalmente.

Una persona es considerada enferma cuando está fuera de los parámetros que la pueden considerar como normal física, emocional y socialmente.

Pero hay enfermedades que pueden postrar en cama o convertir en un inválido a esa persona; generalmente el "cuerpo" es sano y se puede alterar por diferentes factores de entre los cuales, los virus y las bacterias son los más peligrosos a nivel físico pues pueden dañar los órganos vitales de la persona.

También se puede decir que una persona esta "enferma" cuando tiene gripe o cuando un evento externo causó la quemadura, cortadura o fractura de su cuerpo, en cuyo caso solo se requerirá de una buena atención y del tiempo suficiente para que el propio cuerpo sane con sus recursos propios.

Ahora, hablando de las "enfermedades mentales" más populares como la ansiedad, la depresión o la bipolaridad... no resulta tan fácil determinar la causa a pesar de que la ciencia ha avanzado a pasos agigantados... unos adjudican la causa a una disfuncionalidad de origen genético del cerebro, lo cual convierte a la enfermedad en un problema "físico" y no "mental".

Lo que significa que una persona puede sufrir un "desbalance químico" debido a problemas sociales (factores externos) que afectan sus emociones causando una mal función de las glándulas que producen hormonas como la serotonina, la melatonina o cualquier otra.

En este terreno, los avances de la ciencia han pretendido "nivelar" el funcionamiento de esas glándulas a través de "pastillas" logrando en ocasiones cierto bienestar en el paciente, aunque este bienestar suele ser temporal.

Otros dicen que el problema es "mental" pero no lo han probado porque ellos mismos no se han puesto de acuerdo en definir "la mente".

Sin embargo, la ciencia a través de la psicología ha considerado que la terapia (escuchar y dar ideas o buenos consejos, e inclusive hacer notar alguna falla en la percepción de la realidad) puede ayudar al individuo a restablecer su salud "mental"

Este tipo de tratamiento con terapia es muy bueno sin lugar a dudas, pero es solo una parte de la solución además de que por sí misma (la terapia) presenta limitaciones debido a su aplicación tan espaciada, pues generalmente el terapeuta se reúne con el paciente una vez a la semana y en casos difíciles llegan a reunirse con mayor frecuencia y así logran "tranquilizar" al paciente haciéndole ver su "problema" menos grave o menos amenazante.

Así es como la ciencia ha estado tratando este tipo de "enfermedades mentales"

Sin embargo, es de extrañarse que la psicología no se haya percatado de que cambiar o corregir la conducta de un paciente… equivale a enseñarle un nuevo idioma… Y un nuevo idioma solo se aprende y domina a través de la práctica permanente… dicho de otro modo y a mi manera, significa remplazar e instalar nuevos "implantes mentales".

Me gustaría mucho que la psicología considerara este mensaje como una aportación de mi parte para ajustar sus técnicas y procedimientos terapéuticos.

Ahora bien, ¿quién sabe cuántas de esas personas que han recibido terapia han sanado verdaderamente?

Algunas estadísticas hablan de porcentajes o de tantos por cuantos por ejemplo: el 5% de los adolescentes o 1 de cada 5… la verdad es que no existen estadísticas confiables que nos puedan decir cuántas personas han padecido de estas enfermedades mentales ni mucho menos cuantas han muerto por su causa ni cuantas se han recuperado.

Hoy día, en el mundo según los datos más recientes de la ONU (2017), la CIA (2017) y el reloj de población a tiempo real Census.gov, se puede estimar que en el mundo hay actualmente unas 7500 millones de personas (año 2019).

Un paciente puede sanar cuando cree que lo que le están dando o haciendo es bueno para él, es decir, cuando está plenamente convencido…

Esa convicción es FE, sin embargo no es solo fe en Dios o en la ciencia sino que puede ser una mezcla, pues cada paciente posee diferente información (implantes mentales) que pueden encontrarse en lo más profundo de su ser (en el subconsciente).

Y así, cuando este paciente "recuerda" un evento exitoso donde algún conocido recibió cierto tratamiento entonces cree que con el funcionará igual y sobre todo cuando quien hace el tratamiento goza de fama, prestigio y buena reputación… y si además es creyente de alguna religión, tendrá mayores oportunidades de sanar ya que estará convencido de que Dios guiará la mano de quien lo sanará.

Así, es como sucede **la conexión** entre la ciencia y la fe.

Tal es el caso de los pacientes a quienes se les suministran placebos (medicamentos sin contenido químico activo) y dicen que el medicamento les funcionó muy bien… aun sin saber que lo que le han recetado fue un placebo… y funciona porque "la mente" o "el cerebro" colaboran para que eso suceda, debido a algún "implante mental"

Las palabras también pueden ser "placebos" e incluso hasta una cirugía… lo importante es que el paciente crea que lo que le están haciendo y que quien lo hace merece su respeto y confianza.

Ya sea que se trate de enfermedades físicas o mentales, el paciente sanará si está convencido que lo que le van a hacer funcionará… de modo que parte del proceso de recuperación es precisamente la **renovación de la mente.**

Así es como operan la ciencia y la fe… esa es la conexión.

Los elementos imprescindibles para renovar la mente son: nuevos implantes mentales, fe y amor… y por supuesto "Introspeccion Dirigida"
..

TEMA 14

Renovación de la mente

Para entender el significado de "renovar la mente" me permití traer al caso 2 ejemplos que quizás puedan causar tanta sorpresa, como a otras personas a quienes he impartido el seminario.

Primero:
En mi libro "Un Nuevo Dios", yo defini a Dios de la siguiente manera:

Un Misterio Inefable
conociendo su esencia
y viendo su obra
se lo puede crear con la imaginacion
se puede interpretar su voluntad
y el camino a seguir

Segundo:
Tambien en mi libro dije que los Españoles habian venido a America Latina por error ya que pensaban ir a las tierras de la India… y que habian venido a imponer a los indígenas un nuevo Dios.

Pero al revisar un poco mas los antecedentes de la venida de los Españoles, encontré algo que llamó mi atención y de ahí me surgió una nueva "inspiración " que justifica o empata mi intelecto con la espiritualidad (la ciencia con la fe).

Despues de seguir analizando el punto llegue a la siguiente consideracion"

Los Españoles ni nadie mas vinieron a America Latina para imponer a un nuevo Dios, ese no era el proposito original sino traer el evangelio, sin embago "encontrar" tesoros se convirtio en su prioridad; la expidicion estaba conformada por gente la que nadie echaria de menos si llegaban a morir.

Lo mas probable es que estas personas **no conocian el evangelio** mas alla de lo que les habian dicho que dijeran… y lo que dijeron a los indígenas Latinos fue que deberian conocer a Dios, sin saber que los indigenas, de acuerdo con sus profesias, precisamente estaban esperando la llegada de un nuevo Dios.

Los indígenas creian que el Dios del que les estaban hablando, era el mismo Dios que estaban esperando influenciados por la visita de los Vikingo de hacia mas de 300 años atrás.

La imagen que ellos tenian del Dios que vendría vestia armadura y de apariencia Europea como los Vikingos a quienes habian conocido.

Los Españoles debieron enseñar el evangelio conforme los Reyes le habian encomendado a Torcuato Luca de Tena (inquisidor de la nueva

España) quien después de que los Musulmanes habian sido expulsados de su tierra, estableció las reglas para hacerlo.

Y asi lo hicieron, trayendo las "buenas nuevas" haciéndoles saber a los indigenas que:
- Existia un mundo mejor (el reino de Dios) al que podian aspirar quienes se arrepintieran de sus pecados (de los malos actos cometidos contra uno mismo y los demas)
- Siempre que aceptaran vivir conforme a las enseñanzas de "Jesus" (ama a tu projimo, no hagas a otros lo que no deseas para ti).

Mensaje que los indígenas aceptaron pensando que sus profesias estaban siendo cumplidas.

Visto de esta manera, podemos darnos cuenta que ellos no vinieron a decirnos como era Dios sino quien era, pues ni ellos mismos lo sabian como la misma Biblia lo dice en Juan 1: 18 "A Dios nadie le vio jamás …".

Luego entonces, a lo que venian los Españoles era a **"re-educar"** a los indígenas porque les parecian unos salvajes por su desnudez… y querian que aprendieran a comportarse conforme a la voluntad de Dios a traves de Cristo Jesus.

Lo que importante de todo esto es que sepas que cuando tu te comunicas con Dios le llames como le llames, lo que estas haciendo es expresar tus palabras, deseos y sentimientos desde el fondo de tu corazón pensando en un ser todopoderoso en quien puedes confiar y por quien aun tienes la esperanza de un mundo mejor.

Tal vez estes de acuerdo con mis reflexiones o tal vez no pero yo lo hice durante mi busqueda de la verdad… Asi, mi manera de pensar cambio porque hice mio el conocimiento, llegué al mas puro convencimiento y decidí que si a nadie le hago daño puedo seguir asi hasta el final… con la envidiable capacidad de sentir una intima relacion con Dios, el Todopoderoso.

De la misma manera tu tambien puedes reflexionar sobre todo lo que conoces de la vida y crear tu propia versión hasta que te convenzas por ti mismo y actúes en consecuencia, sin olvidar que debes apegarte a la "Ley" para no dañar a terceras personas y vivir en paz.

Bien, pues de eso se trata el **re-educarse**, de eso se trata el actualizar tus falsas y viejas creencias, actualizar tu manera de pensar.

Por lo tanto, en lugar de decir **"renovar la mente"**, deberíamos decir **"re-educar la mente"**, ya que como se explica en el capítulo "5", esta no es un objeto material como un mueble, un edificio o un auto que con el paso del tiempo pierden su belleza y funcionalidad y solo basta con cambiar las partes dañadas para que vuelvan a lucir como nuevos y sigan funcionando.

Sabemos que "la mente" es un concepto abstracto que se utiliza para describir el proceso del pensamiento.

Espíritu Santo implantado por Dios en nuestro corazón y conectado con el hipotalamo
Mas:
Significado de la percepción de información (factores externos) a través de los 5 sentidos
Igual a:
Pensamientos que generan creencias

Pensamiento: Pensamiento es la facultad, acción y efecto de pensar. Un pensamiento es también una idea o representación mental sobre algo o alguien que se percibe a través de los sentidos.

Después los pensamientos son recibidos e interpretados por el cerebro, el que a su vez manda instrucciones al cuerpo y este reacciona de acuerdo con las instrucciones recibidas.

Las reacciones son las que dan identidad a la persona de que se trate ya que se comporta de acuerdo con el contenido del mensaje recibido.

Cada vez que se lleva a cabo todo este proceso, el cerebro va recolectando y archivando todo tipo de información conforme al entorno cultural del individuo.

Esa información la utiliza el cerebro cada vez que necesita tomar una decisión para enviar instrucciones a cualquier parte del cuerpo.

Entonces, lo que debemos entender es que el individuo a quien todos podemos ver es el que manifiesta las instrucciones tomadas por el cerebro conforme a la información que ha venido acumulando a lo largo de la vida del individuo.

Cualquier tipo de información que recibe cada persona es lo que va conformando su educación y con ello a lo largo del tiempo, muchas de sus reacciones se vuelven automáticas ya que al repetir constantemente las instrucciones aprendidas se convierten en **"hábito"**, mismo que facilita la respuesta del individuo de manera más inmediata.

Hábito: Este vocablo se refiere a un modo especial de proceder, adquirido por reincidencia o repetición de actos similares e iguales, como una costumbre o una práctica originado por una tendencia instintiva, es una acción que alguien realiza tantas veces que"**se le vuelve un hábito**", y los hábitos pueden convertirse en manías, y hasta en obsesiones en ciertos casos.

Desde un punto de vista psicológico, el ser humano es capaz de acostumbrarse a una acción, al punto de necesitarla para estar bien consigo mismo.

Por ejemplo, cuando alguien que trabaja en una oficina se va a pasar unas largas vacaciones fuera de la ciudad, a la semana extraña tomar café en su escritorio, pues para esa persona, ha sido parte de su rutina diaria de trabajo y demás funciones durante muchos años

Cuando una persona cambia algún objeto o alguna rutina a la cual está habituado a usar o repetir, automáticamente sentirá incomodidad con lo nuevo, ya que lo que reemplaza, se adaptaba a sus necesidades y gustos.

Cuando el ser humano se siente cómodo, no tendrá ningún interés en dejar de seguir disfrutando de esa comodidad.

Cuando se trata de hábitos afectivos por ejemplo, si una persona se siente **cómoda** con otra, nacerán sentimientos al grado que compartirán el tiempo de que disponga, se hará un hábito vivir con esa persona.

Lo mismo pasa con los hábitos morales, la conducta del ser humano se basa en principios fundamentados en la sociedad, hacer el bien o hacer el mal, se puede convertir en algo habitual sin ningún problema.

La identidad de una persona (lo que vemos, conocemos o sabemos de el / ella), independientemente de su edad, es el resultado de la educación que recibe en su entorno social y cultural.

La información más importante de su vida (los implantes mentales) la recibe en los primeros 6 años de edad cuando después de haber aprendido el idioma, también ha sido capaz de aprender los principales patrones de conducta y comunicación.

De modo que la única forma para "re-educar la mente" es **"re-educar al individuo"**, es decir, proporcionándole información que se ajuste a los estándares de las leyes jurídicas, sociales y morales.

Y esto no resulta tan sencillo pues es equivalente a enseñarle un nuevo idioma, lo que quiere decir que mientras va siendo mayor, mayor va siendo el grado de dificultad para que aprenda los patrones de comunicación del nuevo idioma.

Cuando un niño que ya habla un idioma es llevado a un país donde se habla otro idioma y es enrolado en la escuela, diariamente escucha y practica ese nuevo idioma y muy pronto lo domina… pero si se trata de un adulto que no asiste diariamente a la escuela ni practica constantemente, entonces el proceso de aprendizaje puede tomar mucho, muchísimo tiempo y quizás nunca llegue a dominar el nuevo idioma… sin embargo, aprenderá por lo menos las habilidades más esenciales para comunicarse… y finalmente todo dependerá de la intensidad con que participe y el empeño que ponga para lograrlo.

Educar es dar, proporcionar, transferir el conocimiento, o sea la información adquirida por otros (principalmente nuestros antecesores) que la han adquirido a través de la experimentación.

Imaginemos el implante en la tierra de una semilla de un árbol de manzanas… cuando este crezca dará su fruto es decir **la manzana** que se desarrolló con los códigos genéticos inherentes.

Lo mismo pasa con el ser humano…. Lo que oye y lo que ve, acompañado de una explicación o descripción es lo que equivale a la semilla que se planta en la tierra y por eso, de igual manera cuando el individuo crezca necesariamente dará sus frutos que no serán otra cosa más que lo que fue implantado (sembrado) en su mente…

El árbol nunca dará otro fruto que no sea la manzana… a menos que la semilla sea alterada intencional o accidentalmente, tal y como ya ha sucedido en frutos, plantas y animales.

Así, el hombre puede "alterar" la información con la que creció… y conociendo los estándares de la información, todo es cuestión de "sembrarla" como si fuera una nueva semilla que alterará o corregirá para bien la información que recibió desde que nació.

Conforme el ser humano va creciendo, va utilizando la información que ha recibido y que se va actualizando con el paso del tiempo, por la interacción cultural y por la convivencia con la comunidad.

La información más útil para convivir con la comunidad se retiene en el consciente y la menos común o importante va pasando al subconsciente.

Por lo tanto, y de acuerdo con lo que he investigado, para ofrecer una verdadera ayuda a las personas que sufren (unos lo saben, otros lo admiten y otros no, y muchos otros lo ignoran), es necesario que se conjuguen varios elementos.

Por mi propia curiosidad, comencé a investigar porque las iglesias tratan de ayudar a sanar a las personas y pude ver que además de apoyarse en la Biblia (Juan 14:12) *"De cierto, de cierto os digo: El que en mí cree, las obras que yo hago también él las hará; y mayores que éstas hará; porque yo voy al Padre"*,... también han confiado en poder hacerlo, implementando lo que algunos autores han escrito sobre motivación, liderazgo, autoayuda y técnicas psicológica, sin embargo no ha sido mucho lo que han logrado porque lo que han hecho, ha sido más bien a manera informativa.

En mi búsqueda conocí varias técnicas y métodos que me llevaron a pensar que bien comprendidos y aplicados correctamente podrían dar magníficos resultados en el proceso de la renovación de la mente, así es que me di a la tarea de fusionar algunas partes de esas técnicas y métodos agregándoles el ingrediente principal que es la **"Fe con ciencia"**.

Mis conclusiones me llevaron a una teoría que se ha convertido en método, y consiste en agregar en la ecuación el concepto y entendimiento de "la mente" de tal manera que no deje lugar a dudas sobre lo que se debe entender como tal, pues como desde el principio he destacado, las personas somos muy dadas a hacer un mal uso del lenguaje y eso genera fallas importantes en la comunicación.

Además, la propuesta de este método incluye su aplicación práctica para que no se quede solo en un curso o seminario mas como todos los que he conocido, en donde nos dicen cómo se podría estar mejor pero todo queda a nivel teoría.

Este método que desarrolle (INTROSPECCION DIRIGIDA) a diferencia de otros tiene como prioridad (al menos) ofrecerles a los participantes los elementos que les permitan continuar construyendo la mejor versión de sí mismos.

Introspección

Dirigida

El taller de auto-sanación

Guia del Instructor

I
VISION GENERAL

El instructor debe explicar correcta y totalmente el contenido del libro del autor "DEPRESION condenada" tema por tema y debe conectarlo con la guia del participante para que comprendan y asimilen el metodo a desarrollar para lograr mejores resultados.

El reto y meta es infundir en el participante la suficiente confianza de que en un ambiente de seguridad y confidencialidad al concluir la conferencia y el taller de auto-sanación de "Introspección Dirigida" será capaz de lograr cualquiera de los 3 objetivos que perseguimos para

1 Objetivo

Ayudar a la gente que sufre física, emocional o socialmente debido al estrés, ansiedad o depresion a:

1. Recuperarse totalmente
2. Estabilizarse para encontrar la mejor forma de aliviar su pena, y vivir con dignidad
3. aprender a construir la mejor versión de sí mismo recuperandose o no.

2. Sobre el taller de auto-sanación

Como el taller requiere de manejo psicologico y a la vez teologico, es necesario que se desarrolle en el orden siguiente:

DEPRESIÓN **condenada**

1. Despues de haber leido reflexivamente el libro 'DEPRESSION doomed" y estar de acuerdo con su contenido

2. Explicar las bases del seminario y del taller de autosanacion; es decir, hablarle al participante de las experiencias vividas por el autor en la busqueda de aliviar el dolor que le causaba la depresion.

3. Hablar de la mayoria de los demas metodos que no funcionan porque no son aplicados correctamente debido a:
   a. No se dedica el tiempo suficiente y no tratan el tema profundamente
   b. El participante no entiende claramente cual será su logro a alcanzar
   c. Los expositores no cuentan con toda la informacion
   d. Las instituciones o personas que los imparten, no lo hacen de manera especifica sino como un servicio secundario
   e. Se utiliza un lenguaje confuso
   f. No hay seguimiento, el participante se va a su casa y todo terminó

4. Mostrarle al participante la fuente de lo que se debe considerar normal, de acuerdo con la biblia y otros libros sagrados o cientificos… o sea el estandar de comparacion

151

5. Enseñarle permanentemente (hasta el cansancio) afirmaciones positivas contenidas en la Biblia donde pueda reconocerse y aceptarse como un hijo de Dios y se de cuenta que tal como es, es perfecto y que puede mejorar o corregir cualquier situacion de su vida.

6. Explicar en que consiste la "introspeccion" revisando la definicion de la palabra en el tema 4 "el mismo idioma" en el libro "Depresion condenada" asi como la forma en que se debera realizar conforme a la guia del participante.

II
El taller de Auto-sanación

Creacion del Universo

Empezar por la creación del universo y estandarizar el conocimiento respecto a quien o que es Dios y que es lo bueno y lo malo.

Explicar la esencia y cuál sería la voluntad de Dios y como el ser humano pensando en ello y por inspiración divina ha podido dejarlo escrito en la Biblia y en otros libros sagrados o científicos a lo largo de la historia.

El autor en su libro "Un Nuevo Dios", describe el concepto de Dios asi:

"Es un misterio inefable

Conociendo su esencia y viendo su obra

Se lo puede crear con la imaginación

Interpretar su voluntad y conocer el camino a seguir"

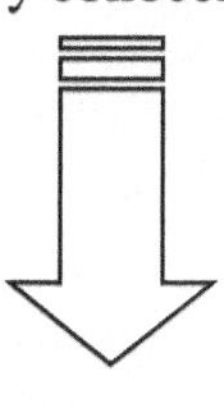

El cuerpo humano… el cerebro

Hablar del funcionamiento del cuerpo humano, en particular el cerebro.

En este punto, el facilitador puede apoyarse con la exhibición de videos, dibujos en el pizarrón o cualquier otro medio que le permita explicar con claridad que el cerebro por sí mismo no emite señales o instrucciones al resto del cuerpo a menos que haya recibido información y la haya procesado interpretando su significado.

Lo bueno lo malo, lo normal, lo anormal

Diferenciar lo bueno de lo malo, lo normal de lo anormal.

Explicar cómo se descubren las falsas creencias, como afectan y como se puede llegar al conocimiento de la verdad.

Fiabilidad de la Biblia y otros libros sagrados

Explicar la fiabilidad de la Biblia y otros libros sagrados

Aquí se debe explicar que lo que llamamos inspiración divina es el producto del despertar de la consciencia, es darse   cuenta e interpretar los hechos y las   experiencias, para decir cuál sería la voluntad de Dios para que su creación perdure y trascienda.

Es la interpretación de la voluntad de Dios plasmada por escrito en la Biblia y otros libros sagrados para que todos tengamos acceso a su conocimiento y podamos estudiarla y analizarla para apegarnos a la verdad.

Son escritos evolutivos que se van actualizando por pensadores de todo el mundo persiguiendo el mismo objetivo de preservar la raza humana.

Diferentes formas de fe

Explicar porque hay diferentes formas de fe

De acuerdo con las diferentes culturas del mundo y porque todas pueden funcionar positivamente

El ser humano que originalmente apareció en la vieja Mesopotamia al buscar mejores condiciones de vida (clima, alimentos, casa) fue emigrando en grupos y se fue esparciendo por todo el mundo en los diferentes continentes.

Los diferentes grupos vivieron sus propias experiencias al enfrentar los rigores de la naturaleza y descubrir los fenómenos naturales para ir decidiendo donde establecerse y después comenzaron a buscar el origen de su presencia en el universo.

De ahí es que cada grupo genera sus propias convicciones y de una u otra manera todos entienden que hay un ser superior a ellos... y desde entonces se refieren a ese ser con diferentes nombres y realizan rituales para venerarlos y agradecerles lo que ellos consideran reciben del "cielo" o del mas allá...

Así se desarrollan los pueblos y como todos sabemos, comienzan las luchas por poseer mayores territorios y poder y obviamente los vencedores imponen a los vencidos sus creencias y estilos de vida.

Sin embargo lo que debemos tener muy presente es que independientemente de cómo cada grupo percibió al poder superior... todos lo identifican como un ser poderoso al que ningún ser humano puede equipararse.

Y todos se dirigen a ese ser superior para pedirle, para ofrecerle y para adorarlo, de modo que la intención que surge del corazón de cada ser en el planeta... es exactamente la misma no importa el punto geográfico en donde se localice.

Es decir... todos tienen la misma razón y les asiste la verdad... pero cada quien la expresa de manera diferente.

Paralelos o similitudes de recupera-ción entre la biblia y la ciencia

Explicar los paralelos o similitudes de recuperación entre la Biblia y la Ciencia
La biblia habla del sufrimiento de la humanidad y la atribuye a los pecados, pero también ofrece caminos para enmendar los errores y encontrar el camino correcto.

La ciencia también conoce del sufrimiento humano y aunque mayormente se ha enfocado en la parte física, también ha descubierto que hay una parte no física que puede influir en su mal funcionamiento.

La Biblia indica que para dejar de sufrir hay que cambiar nuestra manera de pensar que se supone está contaminada por el   engaño y la mentira, para comenzar a pensar en los términos de la voluntad de Dios.

La ciencia descubre que muchas enfermedades provienen de la forma incorrecta de atender nuestro cuerpo y también se lo atribuye a la forma en que vivimos, lo cual significa a la forma en que actuamos y actuamos conforme a nuestra manera de pensar   conforme a la información que hemos recibido a lo largo de nuestras vidas.

Además, la ciencia ha encontrado una manera de ayudar a las personas a descubrir su personalidad y darse cuenta si es o no necesario modificar su conducta y cómo hacerlo.

Causas más comunes del sufrimiento ... influencia en la personalidad

Hablar de las causa más comunes del sufrimiento y como influyen en la personalidad

"Personas normales"	Causas de alteración de la personalidad	"Personas anormales"
Sanos física y emocionalmente	**EN LA INFANCIA** Maltrato de los	Enfermos física y emocionalmente
Energéticos	padres: físico,	Cansados, exhaustos
Entusiastas	verbal, emocional o	
	psicológico	Penosos, apáticos
Sociables	Abuso sexual	
		Solitarios, apartados
Optimistas	Abandono	
Alegres, divertidas	Burlas,	Pesimistas

Enfocadas, concentradas	humillaciones Pobreza extrema	Muy serios, muy formales
Buena autoestima	**EN LA ADOLESCENCIA**	Falta de atención
Confiadas	Burlas, humillaciones	Baja autoestima
Buenos hijos	Malas amistades	Desconfiados, celosos, envidiosos
Buenos padres	Drogas, alcohol	
Buenos esposos	Malas experiencias sexuales	Chicos problema
Buenos trabajadores	Falta de información	Padres muy estrictos, autoritarios
Buenos amigos	**EN LA EDAD ADULTA**	Padres controladores
Etcétera	Burlas, humillaciones en el trabajo	Trabajadores chismosos, flojos, boicoteadores
	Rechazo romántico	No pueden ser buenos amigos
	Infidelidades	
	Mentiras	Etcétera
	Fracasos de trabajo	
	Matrimonio destruido	
	Falta de información	

Fallas de la vida y sus causas

Enseñarles como detectar cuales han sido las fallas de u vida y a identificar las causas

Cuando ya se tiene bien claro el concepto del bien y del mal, y de lo que debemos considerar correcto para efectos de tener un punto de partida estándar, entonces, conforme a los preceptos bíblicos se debe hacer un "inventario emocional" generalmente basado en términos de moralidad.

La introspección debe contener los aspectos que suelen ser más relevantes para cualquier ser humano, por ejemplo:

- Relación con los padres
- Comportamiento con amigos
- Comportamiento con amigas
- Desempeño laboral
- Convivencia marital
- Trato con los hijos
- Fuentes de riqueza

- Etcetera.

Discutir con los participantes sobre lo que sería normal o correcto dentro de cada uno de estos renglones con la finalidad de que puedan reconocer donde hubo algún evento o acontecimiento que se hubiera desviado o salido de lo correcto

Como los pensamientos actúan en el cerebro

Explicar como los pensamientos actuan en el cerebro y como se pueden desencadenar las enfermedades psicosomáticas.

Decir que el cerebro controla el cuerpo, no quiere decir que el cerebro por si solo le la instrucciones a cada parte del cuerpo para que actúe de determinada manera.

El cerebro controla al cuerpo monitoreando sus funciones, es decir, el cerebro poco a poco fue identificando la estructura y composición química de cada una de las partes de nuestro cuerpo y así los clasifico como "normales", entonces cuando algo sucede fuera de lo previsto o de lo ya registrado por el cerebro, este reacciona para indicar que algo no está funcionando correctamente.

Por ejemplo la piel percibe diferentes sensaciones durante el día que son familiares para   el cerebro pero si recibe un pinchazo, eso no es familiar y entonces el cerebro "prende" la   alarma dando las coordenadas para localizar en que parte del cuerpo está sucediendo algo   inesperado y podamos revisar de inmediato y con la información que obtenemos el   cerebro concluye si todo va bien o determina el grado del daño y en función a ello se   comunica con otras partes del cuerpo para prevenir y salvaguardar su integridad; si todo está bien, el cerebro vuelve a su estado de reposo y se elimina la alerta tolerando el momento incomodo que pudo generar el agente externo.

Quien somos en la vida, tanto física como social y espiritualmente.

Ayudar a identificar su posición real en la vida, tanto física como social y espiritual Debemos hablarles de los diferentes niveles económicos, posiciones sociales, posición laboral, estándares de belleza y salud, así como de la espiritualidad… Deben tener muy   claro quién es quién.

Usar nuestras fortalezas o dejárselo a Dios

Ayudar a identificar fortalezas y como utilizarlas para sentirse mejor, hasta donde dejarselo a Dios y desde donde le correponde actuar al participante y como hacerlo

Darles herramientas para que descubran para que son buenos y en que son malos o muy malos, deben entender lo que significa fortalezas, ya que muchas veces solo se mide por   el poder económico y no por lo que realmente pueden hacer conforme a sus conocimientos, destrezas, capacidades físicas para que se dediquen a ser mejores en lo   que les ha sido dado por Dios y hacerles entender que los dones que hayan recibido deben   ejercerlos y   no confundir con que Dios siempre hará por ellos lo que ellos pidan.

Posibilidades de sanar o aprender a vivir con la realidad

Enseñarles a reconocer las posibilidades a su alcance para sanar o aprender a vivir con su realidad cuando esta no pueda ser modificada.

Ya que hayan entendido su posición y situación real en la vida, deben darse cuenta que   para ayudarse a sí mismos han hecho poco o casi nada, siempre han dejado que alguien   más les ayude. Enseñarles que deben investigar por si mismos que oportunidades tienen con los avances de la ciencia, entendiendo costo y oportunidad.

Participar en pequeños grupos

Hacerlos participar en pequeños grupos para hablar honesta y sinceramente sobre su sufrimiento y   aceptar la opinión o consejos que puedan recibir de sus compañeros, previa evaluación del propio   participante para decidir si le parece objetivo, razonable y alcanzable

Explicarles como el facilitador iniciará los temas que deben tratarse para ayudarlos a conocerse mejor con la finalidad de que descubran la verdadera razón de donde puede provenir su sufrimiento, haciéndoles notar que se trata de dar a conocer a alguien más los resultados de su introspección personal moral que deberá incluir:

- Sexo desde la primera vez que supieron al respecto y todas las experiencias vividas hasta el día de hoy, entendiendo que lo más importante es detectar si el sexo ha sido un factor positivo o negativo en sus vidas así como que descubran los sentimientos y pensamientos que han tenido... Este punto debe incluir como han sido sus relaciones de pareja reconociendo cuales han sido las más significativas y si se terminaron, como fue.

- Ambiente familiar desde el nacimiento hasta la edad actual, identificando la posición que ocupan dentro de toda la familia y si su familia les gusta o no y porque, incluyendo el trato realizado con los padres, hermanos, primos, tíos, abuelos y amistades de la familia

- Experiencia profesional y desempeño laboral desde el primer empleo hasta el presente, hablando de sus logros o fracasos así como de sus expectativas para el futuro.

- Vida escolar desde el kínder hasta el nivel más avanzado que hayan estudiado o sigan estudiando, así como descubrir si se están preparando para algo que verdaderamente les gusta o quizás lo están haciendo solo para complacer los deseos familiares o amistosos.

- Que revise los 7 pecados capitales y desarrolle un resumen de aquellos donde crea que necesita más entendimiento o apoyo.

Conocer y confiar en la palabra de Dios

Enseñarles a conocer y confiar en la palabra de Dios y buscar vivir en armonía con su comunidad

Enseñarles como buscar en la Biblia algún tema que les interese o un punto en particular donde encuentren la esperanza de que las cosas serán mejores.

Re-implantes mentales

Aplicar el modelo de re-implantes mentales.

Explicar brevemente en que consisten algunos modelos como la técnica de los 21 días de la Dra. Leaf o la técnica de afirmaciones positivas o la técnica de la visualización   creativa, o la de los 4 simples pasos del Ho'oponopono…. O una combinación de estas y algunas otras conforme a la información obtenida.

Diseñar la mejor versión de sí mismos.

Una vez terminado el taller ya teniendo una consciencia clara de sus falsas creencias y habiendo identificado sus problemas actuales y su origen y sin temor habiendo confrontado viejos fantasmas (memorias), de manera objetiva deberán desarrollar un plan para alcanzar su objetivo personal con el cual estén convencidos de lograrlo y aceptarlo como su nuevo modo de vida, comenzando a comportarse lo mejor que puedan a través de buenas intenciones y buenas acciones.

Introspección Dirigida

EL TALLER DE AUTO-SANACIÓN

Guia del Participante

DIRECCIONES

1. Asiste al seminario de "Introspeccion Dirigida" y al "Taller de auto-sanacion", y asegurate de haber entendido todo el contenido expuesto por el conferencista o instructor y has cualquier pregunta que consideres necesaria para saber como lograrás la renovación de tu mente y como serás podras trabajar en la construcción de la mejor versión de ti mismo/a.

2. Uno de los principales objetivos del "taller" es que sepas como realizar una profunda y seria *introspección* de tu vida para que descubras y destaques tus fallas y aciertos, teniendo siempre presente que el objetivo de esta introspecciónb será identificar los puntos debiles y fortalezas de tu personalidad, así como cuales hayan sido los factores que mas influyeron en su actual personalidad.

   Por ejemplo, deberas determinar si eres Agresivo,Timido, Introvertido, Sociable, Atrevido, Prudente, etcetera... es decir, todas aquellas caracteristicas que tu consideras que son parte de ti.

3. La introspeccion debe contener los aspectos más relevantes de tu vida, sin omitir nada por el

hecho de que te cause vergüenza, embarazo o miedo. Preguntandote "¿Qué es lo más grave que he hecho? Y ¿Qué es lo más grave que me han hecho? puede ayudarte a recordar algunos detalles que tal vez quisieras que nunca se supieran, pero para sanar es necesario que con valor y determinacion enfrentes tus fantasmas.

La introspección puede realizarse como una historia en orden cronologico desde el nacimiento hasta el dia de hoy, o puede realizarse por etapas concretas de la vida de los 0 a los 5 años, de los 6 a los 12, de los 13 a los 20 etcetera.

Pero para los   efectos de este metodo, es muy recomendable que sin importar el   modelo que prefieras, debes incluir las   "areas"   mas importantes en la vida de una   persona   por ejemplo:

- "Área 1" La Familia
- "Area 2" El amor (incluyendo la sexualidad)
- "Área 3" Profesión y desempeño laboral
- "Área 4" Posición social
- "Área 5" Posición económica
- "Área 6" La salud física y mental
- "Área 7" Religión y salud espiritual

4. Has una lista derivada de tu introspeccion, de las situaciones o eventos que con sus posibles negativas o aun positivas consecuencias pudieron haber contribuido en generar las "tribulaciones de tu personalidad".

   Puedes seguir el ejemplo de la **"Tabla A"**

5. El resultado de la introspección ayuda al participante a recordar acontecimientos de gran importancia en su vida y permite tener una consciencia muy clara de los sucesos que lo pudieron afectar fisica y emocionalmente... Por lo tanto se recomienda ampliamente revisar con el instructor sobre los aspectos sobresalientes para desarrollar un plan de accion que inicie el proceso del cambio o el ajuste.

6. Después de cumplir responsablemente con los puntos anteriores y entendiendo que has adquirido un gran conocimiento de ti mismo y del universo que te rodea, debes ser capaz de saber cuál puede ser la mejor versión que puedes construir de tí mismo y contaras con el apoyo del instructor para que te ayude a preparar un plan para lograrlo.

Al final, el instructor proporcionara una hoja para autoevaluación donde el participante determinará y decidirá si podría requerir apoyo posterior para determinar su periodicidad.

ÁREAS DE INTROSPECCION
"ÁREA 1"
La familia

Muchas veces, y sin que lo notemos, una de las principales causas de desasociego puede estar en la familia… Seguro todos hemos oido eso de "durmiendo con el enemigo".

Sin embargo, debido a la diaria convivencia de pronto dejamos de darnos cuenta que esa convivencia se ha vuelto riutinaria y que la forma en que nos tratamos unos a otros es normal.

Nos llegamos a acostumbrar a los gritos, al desorden, y muchas otras conductas que lejos de que la familia se sienta tranquila y feliz se siente estresada, triste o enojada.

Pero, ¿hasta que grado es normal que alguno de los miebros se sientan incomodos?

Por eso es muy importante saber a quienes reconocemos como miembros de nuestra familia y saber cual es nuestra posicion dentro de ella y como es nuestra relacion con cada uno de los miembros, por ejemplo:
1. Quien es el miembro de mayor jerarquia en la familia, el lider?

2. Admiro y respeto la autoridad del lider de la familia?

3. Conozco los valores, sueños, logros, ideales de la familia?, estoy de acuerdo con ello?

4. Quisiera que en su lugar alguien mas ocupara el liderazgo?

5. Creo ser mejor tratado que mis hermanos o hermanas?

6. Creo que nadie se ocupa de mi?

7. Siento que mis padres tienen preferencia por alguien que no sea yo?

8. Siento que todos los miembros de la familia me respetan, me aprecian, me tienen confianza, me apoyan, me demuestran su cariño?

9. Siempre toman mi opinion en asuntos importantes?

10. Los hombres son mejores que las mujeres?

11. Como se lleva mi familia con los miembros de otras familias como los tios, los abuelos, los primos, los sobrinos.

12. Nos ayudamos entre todos los miembros de la familia?

13. Existen secretos de familia que no nos gustaria que se sepan?

DEPRESIÓN **condenada**

"ÁREA 2"
El amor (incluyendo sexualidad)

Ser aceptado o rechazado por una o varias personas definitivamente influye en nuestra personalidad, y dependiendo de nuestras creencias, la influencia puede ser grandiosa o fatal.

Considerarnos buenos amantes, eleva o mantienen nuestra auto estima y nos hace sentir confianza en que no tendremos problemas para escoger o encontrar a nuestro verdadero amor, a nuestra pareja de la vida, con quien seremos felices.

Sin embargo, es muy importante saber que hemos sido capaces de descubrir nuestras falsas creencias y que tenemos una seguridad razonable de que no nos estamos engañando ni que juzgamos nuestra situación desde una óptica equivocada.

Así tambien es demasiado importante vernos, querernos y aceptarnos como parte de la creación de Dios sin que nuestra felicidad dependa de nuestra apariencia ni de nuestra habilidad de "conquistar" parejas.

2.1 Amor Romantico:

1. Recordando la primera experiencia de amor (sin aspectos sexuales), describir tu edad, quien te hizo sentir ese tipo de amor y como lo describirías, y en que terminó?

2. Cuales fueron las relaciones amorosas donde no hubo relaciones sexuales? Desde que edad y que clase de recuerdos quedaron…

3. Si pudiera volver con algunos de esos viejos amores, quien seria y porque

4. No me atrevi a hablarle o fui rechazado por alguien y que fue lo que sentí y cuales pensé que pudieron haber sido las razones.

5. Siempre tuve facilidad para acercarme a la persona que me agradaba?

6. Me acercaba a todas las personas que me agradaban o solo a las que creía que me pondrían atención.

7. Siempre me sentí "galan" y sabia que cualquier persona podría fijarse en mi.

8. Nunca me atreví a competir por alguien, porque sabia que iba a perder o porque me sobraba orgullo.

9. Le dije te quiero, o lo que pensaba a la persona que me interesaba como pareja.

2.2 Amor erótico Sexo y pasión:

1. Cuando y como supe del sexo por primera vez?
2. Pensaba que el sexo era algo sucio o pecaminoso?
3. Cuando, como, donde y con quién sucedió mi primera relación sexual?
4. Me gusta ver pornografia?
5. Mis relaciones sexuales han sido satisfactorias o no y porque?
6. Existe algún problema o conflicto relacionado con mi vida sexual?
7. Siento deseo excesivo por el sexo?
8. He tenido problemas acosando o siendo acosado por alguien?
9. Dependo sexualmente de alguien o de algo?

"ÁREA 3"
Profesion, Posición social y económica

Para mi hay 2 elecciones que cada persona deberia hacer con todo cuidado: elegir la profesion u oficio que le agradaria realizar en su vida y elegir a la pareja adecuada.

Sin embargo, muchas veces aunque empecemos nuestras vidas con esa vision en la mente, el destino hace su trabajo y nos da grandes sorpresas, a veces nos da mas de lo que esperabamos y a veces menos.

Lo importante es tener siempre presente que al hacer nuestra eleccion, debemos hacerlo con toda la intensidad de nuestro corazon y no caer en la trampa de la tentacion.

1. ¿Tengo el trabajo que me gusta?
2. ¿Porque lo elegi?
3. ¿Me gusta el lugar donde trabajo?
4. ¿Me gusta la posicion que ocupo?
5. ¿Estoy satisfecho con lo que gano?
6. ¿Me llevo bien con mis compañeros de trabajo?
7. Me siento a gusto con la relacion que tengo con mi jefe, mis iguales o mis subordinados?
8. Me gusta el nivel que ocupo socialmente?
9. Cuento con verdaderos amigos o me gustaria encontrar otros?

10. Estoy contento con la casa en que vivo?
11. Me llevo bien con mis vecinos?
12. Me agrada invitar y que me inviten a reuniones sociales?
13. Me siento comodo en cualquier reunion social?

"ÁREA 4"
Salud Fisica y Mental

Es muy importante estar al pendiente de nuestra salud, ya que todos generalmente estamos bien y de vez en cuando nos enfermamos y tenemos pequeñas molestias.

Pero de pronto ese "estar bien" puede cambiar y podemos comenzar a tener enfermedades mas serias, y al estar enfermos normalmente dejamos de funcionar como lo veniamos haciendo, y a veces eso nos causa problemas o los causamos.

Hay enfermedades "traicioneras" como la presion arterial alta o la diabetes, que de no detectarlas a tiempo pueden causarnos la muerte.

Y aunque parezca mentira, muchas enfermedades empiezan con el "estrés" que puede causarnos enfermedades fisicas reales o enfermedades psicosomaticas que tambien se vuelven reales hasta que la causa psicologica se vaya.

1. Pongo mucha atencion en mi salud?
2. Me doy cuenta cuando estoy enfermo ya sea fisica o emocionalmente?

3. Reconozco los sintomas cuando estoy enfermo?
4. Generalmente me siento de buen humor y con energia?
5. Duermo bien y despierto con entusiasmo?
6. Visito al medico o yo solo me atiendo?
7. Mis costumbres de alimentacion son las mismas desde que era niño?
8. He tenido sobrepeso durante mucho tiempo?
9. He estado perdiendo peso?
10. Fumo y bebo regularmente?
11. Cuando fue el ultimo chequeos medico?
12. Práctico algun deporte o hago ejercicio regularmente?

"AREA 5"
Religión y Salud Espiritual

La salud espiritual tambien es muy importante para vivir en armonia. Al conocer bien y practicar una religion nos proporciona un sentimiento de fe y de esperanza, nos hace sentir que no estamos solos y que en caso de que algo malo nos suceda, siempre habra un Dios que nos proteja.

Practicar alguna religion nos induce a ser mejores personas y nos hace actuar conforme a ciertas normas que generalmente nos evitan problemas, nos hace mas sensibles al sufrimiento de otros y nos motiva a ser de utilidad.

1. Creo en Dios?
2. Son mis dioses el dinero, la fama y el prestigio?
3. Practico alguna religion?
4. Creo en la biblia o en el libro sagrado de mi religion?
5. Asisto regularmente a la iglesia, para que?
6. Me siento bien siempre que voy?
7. Todas las religiones son iguales?
8. Creo que Dios hace milagros?
9. Yo le he pedido algun milagro?
10. Hago oracion frecuentemente?
11. Me siento en paz?
12. Me siento abandonado o ignorado por Dios?

13. Que es lo que mas me gusta de mi religion?
14. Ayudo a alguien mas siempre que puedo?
15. Como padre de familia, ¿me apoyo en mi religion para guiar a mis hijos?
16. Como hijo, ¿he respetado, amado y obedecido a mis padres?
17. Cuando hago un negocio, cuido que no resulte ventajoso en mala manera?
18. No me interesa la religion no es necesaria

"TABLA A"
Ejemplo de análisis para determinar
los aspectos de influencia en la tribulación de la
personalidad

EDAD	HECHO	POSIBLE CONSECUENCIA
No nato	Mi madre tuvo un embarazo no deseado o problemático	Estrés pre-natal
1 a 4 años	Nací en parto complicado y comencé a crecer con mucho descuido y en condiciones familiares adversas	Atención infantil muy limitada en medio de discusiones y violencia de adultos con muchos gritos que me asustaban
5 a 6 años	Mis padres discutían y hablaban de divorcio	Sentimientos de duda sin saber que estaba pasando
7 a 12 años	Mi papa se ha ido de la casa y mi madre se hace cargo de mí pero me deja muy solo y muy seguido me encarga con mis abuelos quienes también viven con problemas y limitaciones económicas	No me siento bien recibido, me siento como un intruso recibido por lástima, extrañando a mi madre y sin aprovechamiento escolar
13 años	Me gusta jugar con mis amigos y me cuesta mucho trabajo hacer tarea pero casi siempre estoy castigado	Me siento sin libertad y obligado a hacer algo que no me gusta, me siento enojado y frustrado
	Comienzo a darme cuenta de cómo son mis padres y no me agrada la forma en que me tratan ni cómo se comportan socialmente además de la pobreza casi extrema en que vivimos	Me siento enojado, avergonzado y comienzo a pensar que tengo que esconder mi realidad, no quiero que conozcan a mis padres ni en donde vivo ni en qué condiciones
	Primos y amigos comienzan a hablarme de sexo y me inducen a descubrir momentos para los que no estaba preparado	Precozmente me encuentro con algunas facetas del placer, sin información adecuada y siento que mi alma se perturba
14 años	Comienzo a confrontar a mis padres y quiero comenzar a ser "normal" como los demás jóvenes de mi edad y ya comienzo a fumar cigarrillos	Me siento culpable por enfrentar a mis padres pero al mismo tiempo los repudio, no tengo la capacidad de poner suficiente atención en la escuela
	Convivo con familiares de	Comienzo a apartarme de la

	circunstancias muy limitadas y parecidas a las mías con quienes conozco el alcohol y comienzo a recibir una influencia tremendamente machista	autoridad de mi madre, y siento remordimiento y tristeza pero lo prefiero en lugar de seguir sintiéndome sometido, ambos sentimientos son muy dolorosos.
15 años	Comienzan a aparecer las chicas en mi mundo y llaman mi atención	Me siento inhibido para iniciar una sana relación de amistad porque no tengo una familia "normal" que respalde mi persona, ni quiero que se descubra mi mundo.
16 a 17 años	Casualmente consigo una novia mayor que yo pero me gusta	Dedico la mayor parte de mi tiempo a la relación, me siento motivado e ilusionado, mejoro en la escuela y sin darme cuenta, poco a poco voy haciéndome dependiente de ella y decidiendo que nunca la dejare ir de mi lado
18 años	La relación con mi novia se va volviendo intensa y comenzamos a intimar	Ella va descubriendo mucho de mí y comienzo a sentir angustia de que se aparte de mí y comienzo a manipularla y chantajearla emocionalmente. No estoy dispuesto a perderla.
19 años	Mi novia se embaraza, nos casamos y comienzo a trabajar	Siento alivio de dejar a mi madre y comienzo a imaginar que mi vida cambiara totalmente y comenzare a ser feliz. Siento el gran deseo de jamás volver a saber de mi madre ni de mi padre.
20 a 26 años	Sigo estudiando, ingreso a la Universidad para estudiar una profesión y las responsabilidades comienzan a aparecer	No estoy preparado para ser jefe de familia, no sé cómo enfrentar las responsabilidades, me siento "asustado", la gente comienza a notar mi inmadurez y yo no tomo conciencia de ello hasta que ya es demasiado tarde
	Quiero conocer el mundo, sentirme libre y salir con otras chicas	Me comporto totalmente irresponsable, como si no estuviera casado y comenzamos a separarnos y regresamos constantemente hasta que llega el divorcio y la separación definitiva después de haberme comportado como un patán

	Bebo con mucha frecuencia, salgo con varias chicas sin buscar algo formal	Comienzo a tener un gran sentimiento de culpa por haberme apartado de mi esposa y mi hija, me siento desolado y lleno de miedo. Al mismo tiempo comienzo a comprender que abandone a mi madre en aquellos momentos que ella me necesitaba y bebo cada vez mas y mas
27 años	Termino mis estudios y nadie me acompaña en mi graduación, sigo trabajando y voy creciendo poco a poco	Comienzo a buscar una buena compañera y no encuentro lo que quisiera. Comienzo a sentir la depresión intensamente
etc	etcétera	Etcétera

FORMATO DE AUTO EVALUACION DEL SEMINARIO

1	Entendí muy bien el objetivo del seminario?
2	Entiendo claramente cuál debe ser mi participación
3	Se muy bien cual es el trabajo que debo realizar
4	Se muy bien cual es mi objetivo personal
5	Confío en que el seminario junto con el taller de auto sanación me ayudaran a lograr mi objetivo
6	Tengo un comentario que hacer:
	<u>Nombre del Participante</u>

Completar este cuestionario ayudará al instructor o al conferencista a realizar ajustes o cambios que sean necesarios para tu mejor aprovechamiento

Hazlo con confianza.

Y gracias por participar.